Schnucki

Liebe, Chaos, Glück

AF216182

Anette Heilborn

Schnucki

Liebe, Chaos, Glück

Biografische Information der Deutschen Nationalbibliothek. Die Deutsche Nationalbibliothek verzeichnet diese Publikation in der Deutschen Nationalbibliografie, detaillierte, bibliografische Daten sind im Internet über http//dnbdnb.de abrufbar.

© 2019 Anette Heilborn

Herstellung und Verlag

BoD-Books on Demand, Norderstedt

ISBN 9783750419964

Inhalt

Unser tierisches Familienmitglied

Meine Katze, eigentlich die Katze meiner Tochter lebt nun seit 13 Jahren bei uns und ziemlich genau an ihrem Geburtstag im Oktober hatte sie einen Unfall. Nur sie weiß, was wirklich geschehen ist. Nach einer Operation soll sie nun 6 Wochen lang in einem Raum gehalten werden – und das bei einer freiheitsliebenden Katze, die es gewohnt ist, zu gehen und zu kommen wie es ihr gefällt.

Nach einigen Tagen des tief traurig Seins und richtiger Seelenschmerzen sowohl bei ihr, bei mir, bei meinem Sohn und meiner Tochter, die nicht mehr zu Hause wohnt aber aus der Ferne mitfühlt,   nehmen wir die Situation an wie sie ist und schauen, was sie mit uns macht. Auf jeden Fall gibt sie Anlass, zu schreiben, über ein Familienmitglied, das so wertvoll ist wie jedes andere.

Vor 13 Jahren im Oktober

Meine Tochter Marie war 8 Jahre alt und liebte Tiere über alles (*das hat sich bis heute nicht geändert*). Schon immer nahm ich sie und ihren Bruder Alex, 7 Jahre mit hinaus, in die Natur – da ich allein war mit den Kindern, durften, mussten sie mit, da ich joggen oder walken wollte – zu Beginn im Kinderwagen, dann fuhren sie mit dem Dreirad hinterher, später mit Inlinern und Fahrrad – es hat ihnen nicht geschadet, ob sie es mochten? Sie hatten meistens keine Wahl und waren zumindest schön müde danach. Egal wo und wie wir unterwegs waren, Marie hat jedes Schneckchen, das sie auf dem Weg finden konnte, auf die Seite ins Gras gesetzt, aus Angst, jemand könnte sie zertreten oder mit dem Fahrrad überfahren. Manchmal habe ich mich gefragt, ob die Schnecken so glücklich darüber waren, nachdem sie sich mühsam ein Stück vorwärts geschafft hatten und dann eventuell von vorn anfangen mussten und sogar vielleicht in die andere Richtung geschickt wurden. Jedes Eichhörnchen wurde bewundert, jeder Hase, jeder Schmetterling, Rehe und Pferde – oh mein Gott, sie liebte Pferde. Alex war nicht weniger tierlieb, drückte dies jedoch als Kind nicht so aus – er freute sich mehr innerlich und sollte später der wichtigste Bezugspunkt für unser neues Familienmitglied sein. Anzumerken wäre noch, dass Spinnen und Kakerlaken nicht zu Marie's Tierliebe gehörten.

Alleinerziehend und berufstätig erwiderte ich auf die Bitte, doch einen Hund oder eine Katze anzuschaffen immer, dass man für ein Tierchen Zeit braucht, sich kümmern muss und wenn wir einmal nicht da sind, wer sorgt dann für das Haustier? Und doch sagte mir eine Stimme, dass diese Tierliebe unterstützt werden muss und ich erwähnte diesen Gedanken an einem schönen Spätherbsttag im Fitness-Studio. Die Dame, die dort arbeitete strahlte mich mit freudigen Augen an und teilte mir mit, dass sie einen Wurf von 5 Kätzchen hätten und wenn ich wollte, könnte ich gerne vorbeikommen und mir die kleinen Wollknäuel anschauen. „Das ist Schicksal", dachte ich und fuhr direkt bei ihr vorbei. Im Schuppen fegten 4 hellgraue und ein getigertes Kätzchen wild herum – so klein und wuselig, bildhübsch. Ich versuchte, auch mit Hilfe der Dame, ein graues zu erwischen, zwei konnten wir hochheben, sie krallten und wollten gleich wieder hinunter. Es hat Spaß gemacht, diese quirligen Seelchen zu beobachten, wobei mir das getigerte Wuschelchen mit roten Punkten gar nicht aufgefallen war – sie saß geduldig da und wartete, bis ich sie hochhob. Sie lag in meinem Arm, schaute mir direkt in die Augen und sagte „MAU"(nimm mich mit) – da war es direkt um mich geschehen – ja dieses herzerweichende Wesen war für uns bestimmt.

Die Freude war groß und ich konnte es kaum erwarten, die Kleine nach Hause zu holen. Mit einer Freundin fuhr ich erneut in das Heimatdorf unserer Katze und fuhr so vorsichtig ich konnte die 20 km. Zitternd und spuckend auf dem Arm meiner Beifahrerin und im Fußraum hat sie die wohl erste, lange Reise ihres Lebens überstanden.

Mein Herz hüpfte vor Freude und Aufregung wie wohl die Kinder auf die Überraschung reagieren würden.

Die heimlich gekaufte Katzentoilette befand sich aufgebaut im Gäste WC – zwei Futternäpfe, alles bereit. Da unsere neue Mitbewohnerin noch nicht stubenrein war, gerade mal 7 Wochen alt, setzte ich sie liebevoll in der Gästetoilette ab, natürlich war der Toilettendeckel geschlossen, und schloss die Türe. Es war fast 12 Uhr. Dann hielt ich nicht mehr aus bis die Schule zu Ende war und rief in der Grundschule an, erzählte der Rektorin, dass ich eine Überraschung für meine beiden Kinder hätte und bat sie, ihnen zu sagen, dass sie vorsichtig, aber zügig auf direktem Weg nach Hause kommen sollten. Meistens schlenderten sie gemütlich oder vor allem Alex hielt sich noch mit Gesprächen oder sonstigen Dingen, die auf dem Schulweg so getan werden können, auf. Die Neugier hatte beide flott ankommen lassen und mit strahlenden Augen wollten sie wissen, was denn nun die Überraschung sei. Ich schickte sie zur Tür der Gäste Toilette und als sie diese öffneten saß da diese wunderschöne, kleine, kuschelige, so süße Katze – das Juchzen von Marie und Alex und der treuherzige Blick vom Katzenbaby trafen mich direkt ins Herz – Tränen der Rührung kullerten und mein Inneres war ganz weich.

14

Auf den fragenden Blick von Marie antwortete ich, dass ich ihre Tierliebe unterstützen möchte und sie fiel mir direkt um den Hals gefolgt von ihrem Bruder, der strahlte und ich konnte sehen, auch ihn hat es direkt ins Herz getroffen.

Heute

Während ich über die Zusammenkunft mit unserer Katze schreibe, sitzt sie auf mir mit ihrem rasierten Bein und ihrer Plastikhalskrause – sie muss wohl ahnen, dass es um SIE geht. Ihre Krause hält sie leider davon ab, eine bequeme Position zu finden, da sie mit dem Teil immer am Schreibtische anstößt – sie ist genervt – ich verstehe sie und muss trotzdem ein bisschen grinsen.

Damals

Vor lauter Begeisterung und Aufregung war das Mittagessen Nebensache, war doch die Frage zu klären, wie sie denn heißen soll. Natürlich hatte ich mir schon Gedanken gemacht und wollte geschickt auf den Namen „Carla" drängen. Alex hatte auch schon Luft geholt, um einen Vorschlag zu machen. Soweit sollte es aber nicht kommen. Ich sagte: „Marie, das ist DEINE Katze", also darfst du den Namen wählen und voller Inbrunst und mit dem glücklichsten Gesicht, wie man es fast nur noch bei Kindern sieht, sagte sie mit weicher, liebevoller Stimme: „SCHNUCKI"

Kurze Pause, ein Moment der Ruhe, ich überlegte, ob ich sie irgendwie dazu bewegen konnte, diesen Namen zu verwerfen - nur kurz, vielleicht 1 Sekunde, dann war klar, dieses Kind ist glücklich - also es blieb es dabei. So bekam unsere „SCHNU-CKI" ihren Namen.

Ziemlich zügig machten wir einen Termin beim Tierarzt, sollte unser neues Famili-enmitglied doch ordentlich untersucht werden mit Impfung für ein starkes Im-munsystem. Also kamen wir beim Tierarzt an, Marie, Alex und ich – Schnucki im Kat-zenkorb der Nachbarin (geprüfte Katzen-besitzerin). (*Den Katzenkorb leihe ich mir immer noch bei ihr aus*). Die Tierarzthel-ferin hieß uns willkommen und fragte: „Wie heißt sie denn, die kleine Katze"? Ein biss-chen peinlich war mir der Name schon, also lehnte ich mich zu ihr und sagte in leisem Ton: „Schnucki", da das Wartezimmer schon voll war mit Mensch und Tier. Sie darauf: „Wie? SCHNUCKI?", so laut, dass alle es hören konnten und Marie strahlte. Alles war wunderbar, der Familienbesuch beim Tierarzt erfolgreich und los ging's mit unserer kleinen, tierischen Freundin.

Die ersten Monate

Schnucki war so verspielt und süß, man konnte sich nicht an ihr satt sehen *(was sich bis heute nicht geändert hat – das Sattsehen)*. Unser Fokus lag darauf, zu schauen wo sie ist, mit ihr herumzutollen, mit ihr zu schmusen, ganz viel und oft und ganz viel zu lachen mit ihr, über lustige Situationen und uns, wie sehr wir uns über unseren Zuwachs freuten. Schnell war sie stubenrein und wusste ebenso schnell, wie sie uns um ihre kleinen Pfoten wickeln konnte. Eine liebe Freundin, die sich einen Hund zugelegt hatte, brachte uns dessen Körbchen, da dieser viel zu klein für den Hund war – somit hatte Schnucki ihr eigenes Katzenkörbchen, in das wir die Babydecke von Marie gelegt hatten. *Die Decke existiert bis heute, kann nicht mehr gewaschen werden, da sie verfilzt ist von Katzenhaaren und bis zu unserem Umzug heiß und innig von Schnucki geliebt wurde. Jetzt dient sie als Decke zum Transport im Katzenkorb (der Nachbarin), also keine gute Decke mehr für Schnucki und ich habe beschlossen, sie nach der Genesung von Schnucki zu entsorgen – loslassen – für mich wohl schwerer als für Schnucki.* Nach einigen Monaten wurde die Süße sterilisiert und war danach für längere Zeit sehr schwach und äußerst genervt, da sie einen Plastik Halskragen tragen musste – sie wollte einfach nicht auf uns hören, dass man nicht an der Wunde lecken darf oder womöglich die Fäden herausziehen darf. Ihr Schicksal zu diesem Zeitpunkt anzunehmen war sehr schwer, bzw. unmöglich für sie und sie ließ uns das spüren, indem sie sich zurückzog, nicht mehr fraß und sehr traurig irgendwo kauerte. Wir hatten tatsächlich Angst, wir könnten sie verlieren. Dieser Gedanke versetzte uns in Schrecken und wir konnten uns schon zum damaligen Zeitpunkt nicht vorstellen, ohne dieses liebenswerte Wesen zu sein. Dass jede Zeit auf Erden ein Geschenk ist und von uns nicht bestimmt werden kann, wie lange dieses Geschenk anhält, war für uns zu dieser Zeit keine Option – wir haben einfach nicht darüber nachgedacht. In meiner Verzweiflung besorgte ich beim Tierarzt eine besonders reichhaltige Paste, die ich Schnucki mit einer kleinen Spritze direkt in Mäulchen einflöste. Dabei hielt ich sie im Arm wie ein Baby. Wenn es mit der Spritze nicht klappte weil sie sich so geschickt gewunden und gedreht hat, dass die Paste überall, nur nicht in ihrem Maul war, nahm ich einen kleinen Löffel oder fütterte sie mit meinem Finger. Diese Zeit war eine sehr intensive und schon damals bemerkte ich, dass eine starke Verbindung zwischen uns ist – (heute nenne ich das Seelenverwandtschaft). Mit viel Geduld und Schmuseeinheiten der Kinder erholte sich Schnucki wieder sehr gut, wurde von ihrer Halsman-schette befreit und tobte wieder wie ein kleines Wollknäuel in der Wohnung umher. Sie durfte überall sein, nur im Schlafzim-mer wollte ich sie nicht.

Diese Konsequenz hielt bis wir einmal ver-reist waren – da hat sie ihre Chance sofort genutzt und sich friedlich und triumphie-rend auf dem Bett im Schlafzimmer breit gemacht. Von da an miaute sie so lange vor der Türe bis man sie aufgemacht hat – nur nachts durfte sie nie – wenigstens das für meine Ehre).

Schnell zeigte sich, dass derjenige, der am meisten Zeit mit ihr verbrachte, mein Sohn Alex war. Ohne zu schmälern wie groß die Liebe von Marie und mir war und auch wir viel mit ihr machten, aber Alex spielte unermüdlich mit ihr. Wenn es einen Preis für Ausdauer und Geduld gegeben hätte – er hätte ihn verdient gehabt.

Wo ist Schnucki?

Nach ungefähr 1 Jahr war Schnucki plötzlich verschwunden. Sie folgte den Kindern oft auf dem Schulweg – 1 km hinunter in den Ort oder sogar, wenn wir übers Feld spazieren gegangen sind. Einmal mussten wir sie mit dem Auto im nächsten Ort holen. Sie war ein bisschen wie ein Hund, aber wenn sie dann keine Lust mehr hatte, blieb sie stehen und fand von selbst nicht mehr zurück – von wegen Katzeninstinkte !!! Auch Tragen kam nicht in Frage, sie sprang direkt vom Arm. Also im Eiltempo zurück, das Auto geschnappt und gehofft, dass sie noch aufzufinden war. Aber klar, da saß sie auf dem Feldweg mit einem vielsagendem Blick, der ihre Gedanken vermuten ließ: „ Warum habt ihr denn so lange gebraucht"?, oder „Ich dachte schon, ihr kommt nicht"., oder „Gott sei Dank, ich hätte den Weg nicht zurückgefunden"., oder „Hey, dann hätte ich mich hier ein bisschen umgeschaut, aber doch besser, dass ihr da seid". Jedenfalls begleitete sie an dem einen Tag wieder einmal die Kinder zur Schule und kam nicht mehr nach Hause. Im Sommer kam es schon mal vor, dass sie 1-2 Nächte weg war – wahrscheinlich auf Mäusejagd oder verabredet mit einem netten Kater. Mit diesen Gedanken beruhigten wir uns und hofften auf den jeweiligen nächsten Morgen. Aber Schnucki kam nicht. Tag für Tag verging und unsere Stimmung kippte von Hoffnung in Traurigkeit. Wir klingelten an sämtlichen Häusern auf dem Schulweg, meldeten den Verlust auf der Gemeinde – aber keine Spur. Nach 14 Tagen dann fasste ich schweren Herzens den Entschluss, die Katzentoilette, das Katzenkörbchen und anderes Zubehör zusammen zu räumen, auch wenn ich immer noch Hoffnung hatte (und ich bin der Inbegriff von Hoffnung und positivem Denken). An demselben Tag klingelte mein Telefon und die Sekretärin der Gemeinde erzählte mir, dass eine Dame angerufen hätte, eine junge getigerte Katze befände sich seit einigen Tagen in ihrem Garten. Ich rief dort an – es war ein Haus direkt an der Durchgangsstraße und fuhr direkt zu ihr. Sie hatte Schnucki ins Haus geholt und als ich sie dort sitzen sah, kullerten die Tränen vor Glück, Erleichterung, Freude und tiefer Tierliebe. Ohh, umarmte ich die Finderin und setzte Schnucki ins Auto – ohne Körbchen – was für sie wie eine Achterbahnfahrt gewesen sein muss – mit breitem Grinsen kamen wir innerhalb von 5 Minuten wieder in die Heimat – unfassbar, dass diese Nudel den Weg nach Hause nicht mehr gefunden hatte. Schnell stellte ich alle Katzenutensilien wieder an ihre Plätze. Nicht, dass Schnucki womöglich noch auf die Idee gekommen wäre, man hätte sie abgeschrieben. Entsprechend groß war die Begeisterung von Marie und Alex, dass unser Familienmitglied wieder da war. Von da an durfte Schnucki die beiden nicht mehr zur Schule begleiten. Am Anfang lief ich ein Stück mit und unten an der Straße versuchte ich ihr mit deutlicher und klarer Stimme (*wie das Mütter eben so machen*) beizubringen, dass es hier für sie nicht weitergehen würde. Den Kindern habe ich aufgetragen, das herzerweichende Miauen und den treuherzigen Blick zu ignorieren. Irgendwie schien diese Aufgabe für alle nicht leicht zu sein. Man wollte ja den anderen nicht verletzen oder unnötig belasten. Dass aber auch bei Kleintieren gewisse Erziehungsmaßnahmen erforderlich sind stieß letztendlich auf Verständnis, da unsere Taktik Erfolg hatte.

So funktioniert es bis heute. Wenn ich mich auf meine Joggingrunde begebe, begleitet Schnucki mich ein Stück hinunter

Richtung Feld und dann bleibt sie stehen und miaut mir lautstark hinterher – zum Beispiel: „Komm wieder, ja?" oder „Pass auf dich auf." oder „Wieso gehst du denn schon wieder?" Ich antworte ihr dann und erkläre ihr, dass ich meine Runde drehe, die Natur ein bisschen genieße, dann in ungefähr einer Stunde wiederkomme und mich sehr freue, sie dann wieder zu sehen. Sie scheint mich zu verstehen und geht ihres Weges.

Die folgenden Jahre

Unsere Schnucki entpuppte sich als perfekte Mäusejägerin, was ja letztendlich auch Katzenspezialität ist. Als sie die erste tote Maus brachte und sie stolz im Maul in die Wohnung tragen wollte, rief ich entsetzt – NEIN, bleib draußen und machte schnell die Terrassentür zu, direkt vor ihrer Nase. Ein entgeisterter Blick traf mich , Schnucki drehte mir den Hintern entgegen und verspeiste das arme Mäuschen genüsslich. Mit vollem Bauch trottete sie wieder davon und ließ höflicherweise ein paar kleine Reste liegen. Ach ne, dachte ich so bei mir, schnappte mir einige Papiertücher und beseitigte die Spuren. Als Marie von der Schule nach Hause kam und ich ihr die Geschichte erzählte, fragte sie mich direkt: „Hast du Schnucki gelobt?" – ich darauf, „Warum das denn? – Dafür, dass sie mir zusätzliche Putzarbeit gemacht hat?" Marie mit belehrendem Blick: „Wenn eine Katze dir eine Maus bringt, möchte sie gelobt werden – (ihre Augen wurden ganz weich) – das ist wie ein Geschenk, das sie dir macht. Da darf man nicht schimpfen". Als sie mir das so sagte, klang es als wäre das die normalste Sache der Welt, ihr Geschenkargument leuchtete mir ein und ich versprach ihr, das nächste Mal zu loben. Marie verlangte mir so oft es geht ein Versprechen ab weil sie genau wusste, dass ich diese immer einhalte. Es musste schon etwas ganz Außergewöhnliches oder Schlimmes passieren, sollte das mal nicht der Fall sein – und selbst dann hätte ich es nachgeholt.

Gefühlte 2 Stunden (eigentlich 2 Tage) vergingen, als sich das nächste Mausgeschenk unserer Tür näherte. „Oh Nein", dachte ich, rannte schnell zur Türe, sagte: „Toll, Schnucki, Super!" und verschloss die Türe wieder vor Schnuckis Nase. Die Überreste würde ich in den nächsten Tagen beseitigen – kommen bestimmt noch einige dazu, dachte ich. Und genau so war es – es gab Phasen, da brachte sie jeden Tag eine, manchmal sogar zwei der kleinen Tierchen. Zweimal schaffte sie es, die noch halb lebendigen Mäuse mit in die Wohnung zu bringen, zeigte sie mir, setzte sie kurz ab und Schwupp, waren sie verschwunden.

Einen perfekten Zeitpunkt zum Mäuse-Nachjagen gibt es ja bekanntlich nie, also war auch dieses erste Mal vom Timing her im Prinzip so passend wie das plötzliche Krankwerden von Kindern am Freitagabend wenn kein Arzt mehr zu erreichen ist oder der spontane Besuch von Freunden wenn man gerade so schön faul im Bett lümmelt am Sonntag, mittags um 14:00 Uhr. Erkenntnis - wenn der Zeitpunkt für bestimmte Situationen dann da ist, ist es wohl der passende, denn man nimmt sich Zeit dafür - man hat ja keine andere Wahl. Jedenfalls , Schwupp, die halblebendige Maus entwischte aus Schnucki's Maul und wetzte mit ihren kleinen Füßchen direkt hinter den Wohnzimmerschrank. Oh NEIN ! , meine spontane Aussage. Schnucki verdutzt, kurz am Überlegen, ob sie ihr hinterherjagen sollte (man konnte deutlich ihre Gedanken lesen - „Wie? Mein Snack ist weg? Hmmm, das ist ja blöd"). Sichtlich amüsiert von meinen Anstrengungen, die Maus hervorzulocken blieb sie noch ein Weilchen stehen , um sich dann wieder auf Mission – „Nächste Maus, bitte !" – zu machen.

Ich also, alleine mit der Maus – auf DU und DU. *Mucksmäuschenstill* stand ich da und hörte, wie sie hinter dem Schrank hin und her trappelte. Auf leisen Sohlen schlich ich mich ran, zog einen Schrank etwas von der Wand weg, sah sie und Zack!, weg war sie, Richtung Küche. Dort quetschte sie sich durch das Gitter und weilte von da an unter der Küche. Hin und hergerissen von dem Gedanken, nun doch die Füße in die Hand zu nehmen, damit ich noch einigermaßen pünktlich zur Arbeit erscheinen würde und der Vorstellung, dass meine Küchen-Untermieterin etwas anstellen könnte solange ich weg bin, entschloss ich mich, zu gehen.

Zu meinem Erstaunen konnte ich den Arbeitstag entspannt und ohne Angstzustände bewältigen und tatsächlich fiel mir die Hausbesetzersituation erst wieder ein, als ich den Schlüssel zur Wohnungstüre umdrehte. Kurz darauf waren wir vollzählig, Marie, Alex und ich auf Mäusejagd – sehr zur Unlust der beiden – Schnucki loben, ja, aber ihr Chaos beseitigen – muss ja nicht sein. Frei nach dem Motto „Zusammen sind wir stark" haben wir uns positioniert – auf dem Boden vor dem Gitter, an drei verschiedenen Seiten. Ich wollte das Gitter entfernen und einer von uns sollte die Maus schnappen und an die Luft setzen – die Terrassentür war geöffnet. Also, Lauerstellung, unsere Blicke verstanden sich ohne Worte, Gitter weg, Gekreische und als hätte die Maus gewusst wo es rausgeht – ist sie direkt aus der Terrassentür gerannt. Wir schauten ihr hinterher und sagten fast gleichzeitig: „Pass gut auf dich auf, sonst erwischt Schnucki dich wieder." Ob gerade dieses Exemplar irgendwann in Schnuckis Bauch verschwand wird wohl nie aufgedeckt werden, jedoch hatte diese Aktion zur Folge, dass die Staubmullen unter der Küche, die tatsächlich Ähnlichkeiten mit Mäusen haben, entfernt wurden. Gitter zu – Abenteuer für diesen Tag beendet.

Fazit: Keine Küche mehr mit Gitter und Hohlraum, der sich übel verstauben kann – unsere neue Küche ist zu und sollte sich ein Tierwesen darin verirren, dann müsste es hoch hüpfen können – was das für Exemplare sein könnten, darüber denke ich lieber nicht nach.

Heute

So goldig liegt Oma Schnucki neben mir in ihrem Körbchen und gibt lustige Geräusche von sich – es hört sich ein bisschen an wie ein Knurren, manchmal ein wohliges Seufzen oder ein Gähnen, bei dem man bis fast in die Magenhöhle sehen kann, so weit reißt sie ihr ihren Kiefer auseinander (*das sollten wir Menschen auch ab und zu machen meinte mein Osteopath – weil im Kiefer viele Verspannungen sitzen*) – also öffne ich meinen Mund so weit ich kann und bin mir sicher, dass es gut getan hat.

Die nächsten Jahre

Bestimmte Rituale haben sich festgesetzt, zum Beispiel, dass Schnucki auf unserem großen, grünen Sofa am liebsten auf mir lag – vorzugsweise wenn ich vorne am Rand saß, lag, lümmelte. Das war die perfekte Position für sie. Auch wenn die Kinder mit auf dem Sofa lagen gab es für Schnucki keine Alternative. Schwierig wurde es für sie immer dann, wenn ich hinten im Eck saß und Alex oder Marie vorne – da war sie in der Zwickmühle – sie wollte zu mir und doch vorne am Rand liegen. Auch wenn die Liebe zu den Kindern riesig war, sie fühlte sich halt bei mir irgendwie sicher und legte sich dann nach einigem Hin und Her tigern auf mich, drehte mir dann aber den Hintern entgegen und wackelte mit dem Schwanz – ganz klares Zeichen von: „Ich bin zwar bei dir, aber die Lage passt mir nicht zu 100 Prozent." Auch unser Schmunzeln darüber oder die Versuche von den Kindern, sie zu sich zu holen änderten nichts an ihrer störrischen Haltung.

Bis heute ist das so, dass sie zu mir kommt wenn alle versammelt sind. Manchmal führt das gar zu kleinen eifersüchtigen Gefühlen bei manch anderen, dann erkläre ich mit einem fetten Grinsen im Gesicht, dass ich Schnucki einfach Sicherheit zu geben scheine.

Ein weiteres Ritual war, dass immer wenn Alex von der Schule nach Hause kam, Schnucki da stand und wartete, bis er sie auf den Arm nahm. Er hielt sie dann wie ein Baby, drückte sie auch ganz fest, schmuste mit ihr und sie ließ alles mit sich machen. Ein schönes Ritual, nicht nur für die Katze - ein nach Haus kommen und da wartet jemand, außer der Mama, die sowieso immer glücklich ist, ihre Kinder zu sehen - da genügte ein Blick, um das Herz zum Schmelzen zu bringen.

Heute ist das immer noch so. Alex kommt inzwischen von der Arbeit und wer wartet und miaut, steht neben ihm, schaut auf zu ihm? Diese Liebe – Schnucki und ihr Alex.

Marie-Ritual: Schnucki wusste genau, Marie´s Zimmertür ist zu, das heißt, sie muss zu Hause sein – bei uns standen und stehen sonst die Türen gerne alle offen. Also setzte sie sich davor und miaute, kam keine Reaktion , trottete Schnucki zu mir, schaute mich an, miaute und machte deutlich, dass ich ihr folgen sollte. Also hinterher, fragte ich Marie ob ich Schnucki hereinlassen darf, was sie natürlich fast immer bejahte, dann öffnete ich die Tür oder eben Marie selbst und Schnucki war so schnell im Bett wie sie konnte. Wenn Marie nicht drin war stampfte Schnucki unermüdlich mit ihren Vorderpfötchen die Decke zurecht, um die perfekte Position zu finden. Wenn Marie im Bett lag oder saß war klar, direkt neben sie oder auf sie. Das ging meistens eine Zeit lang gut, dann war es Schnucki oder Marie oder beiden zu eng und Schnucki legte sich der Länge nach an das Fußende – Schwanz wackelnd mit den Gesäß Richtung Marie.

Bei dieser Gelegenheit ist noch ganz klar anzumerken, dass Schnucki ihr wunderschönes, weiches Fell hat weil Marie sie jahrelang sehr geduldig gebürstet hat und durch intensives Streicheln manchmal sehr sehr viele Zecken ertastet hat. Da nützte das beste Mittel nichts – in manchen Jahren war die Zeckenplage besonders groß. Dann haben die Kinder sie festgehalten und ich habe die Zecke mit einem Tüchlein und meistens einem Büschel Fell herausgedreht. Gott sei Dank war und ist Schnucki´s Fell so ergiebig. Die Zecken habe ich dann in ein Glas getan, das draußen auf der Terrasse stand. Bis zu unserem Auszug aus der Wohnung war der Glasboden gut bedeckt und die Zecken wurden endlich entsorgt.

Die Familie reist

Die nächste große Veränderung für Schnucki stand an. Sie war es schon gewohnt, dass wir ab und zu mal für ein paar Tage weg waren. Dann habe ich ihr erklärt wo wir hingehen, wann wir wiederkommen und wer sie versorgen wird. Diese Aufgabe übernahm von Anfang an unsere liebe Nachbarin und Schnucki wusste schon, wenn sie bei uns vor geschlossenen Türen stand, konnte sie bei ihr umherschleichen bis ihr Miauen erhört wurde. Unsere längste Reise bis dahin war 2009 zu meinem 40. Geburtstag. Ich habe mich selbst beschenkt und mit meinen Kindern eine Reise nach Bali gebucht – 3 Wochen im Winter – herrlich. Alles wurde organisiert – Schnucki wurde von uns gut vorbereitet und wir gingen in vollstem Vertrauen in unseren Urlaub. Die vielen Erlebnisse dort, das herrliche Wetter und das Vertrauen, dass zu Hause alles gut klappt, ließ uns die Freiheit der Faulheit genießen. Die letzten Tage dann redeten wir immer mehr von Schnucki und ob sie wohl okay ist, ob sie überhaupt wieder zu uns kommen würde. Eventuelle Möglichkeiten wurden durchgesprochen und die Vorstellung, dass sie wo-

anders einen Platz gefunden haben könnte, machte uns ganz schön unsicher und wir
waren uns alle sicher, dass so etwas auf
keinen Fall passieren würde – UNSERE
SCHNUCKI !!! Die Befürchtung wurde jedoch immer größer, nachdem wir darüber
redeten wie beleidigt sie immer war wenn
wir mal ein paar Tage weg waren. Dann hat
sie uns mit Ignoranz bestraft – nur so viel
Miau und um die Füße streichen bis der
Futternapf voll war – dann direkt wieder
Hinterteil zeigen und genervt mit dem
Schwanz wackeln. Nicht zu beunruhigt
aber doch ein wenig, traten wir unsere
Heimreise an und als wir wieder zu Hause
waren, die ersten Worte: Schnucki…Schnucki, wo bist du? Und da kam sie
auch schon angerannt über den Hof direkt
auf uns zu, schmuste uns um die Beine und
schien sichtlich erleichtert zu sein, dass
wir wieder zurückgekommen sind. Da hatte

sie sogar vergessen, beleidigt zu sein und wir waren natürlich überglücklich.

So ging das die nächsten Jahre – wann immer eine Reise anstand, Schnucki informiert, die liebe Nachbarin aktiviert – (*ein riesengroßes Dankeschön – du bist echt toll !!!*) – und los auf Reisen. Hat immer super geklappt bis 2015, da kam die Peru-Reise.

Peru

Das Abitur zu schaffen ist eine große Leistung – meine beiden Kinder haben das super gemeistert und das sollte belohnt werden. Keine riesen Fete (gut, dazu brauchte man auch nicht unbedingt die Mutter), eine Reise sollte es jeweils sein. Mit meiner Tochter bin ich in die Karibik gereist und mit meinem Sohn nach Peru.

Im Juli war es soweit, wir packten unseren Rucksack und machten uns voller Euphorie und Freude auf ins Abenteuer Südamerika – dort war ich bisher noch nie. Alex mit Schulspanischkenntnissen und ich mit selbstbeigebrachten Kenntnissen, die einen im Urlaub nicht verhungern oder verdursten lassen sollten. Die Zeit dort war wunderschön – leider zu kurz – 10 Tage so viel wie möglich erkunden, zum Teil grenzte es schon an sportliche Höchstleistung. Peru ist auf jeden Fall eine Reise wert und die Geschichten dazu wären auch ein Erzählung wert. Aber zurück zu Schnucki – nach 3 Tagen fragten wir per WhatsApp nach ob denn alles okay sei und da kam zurück, dass Schnucki nicht kommen würde. Bääämmm!!! Da fiel mir auf, dass ich ihr dieses Mal nicht genau erklärt hatte wann wir gehen, wer sie versorgt und wann wir wieder kommen würden.

Okay, nicht verrückt machen war die Devise - hätte ja eh nichts genützt. Jedenfalls hatten wir eine tolle Reise *(auch mit meiner Tochter 2 Jahre zuvor in die Karibik - ich kann nur sagen – so eine Mutter Kind Reise ist unbeschreiblich und wertvoll, muss auch nicht weit sein, die intensive Zeit zählt).*

Es war uns schon ziemlich mulmig zumute als wir nach Hause kamen und Schnucki nicht da war und auch die nächsten zwei Tage nicht auftauchte. Leichte Panik machte sich bei mir breit und ein furchtbar schlechtes Gewissen, dass ich meiner Informationspflicht nicht nachgekommen war. „Was, wenn Schnucki irgendwo liegt oder tatsächlich eine neue Heimat gefunden hat?", diese und viele andere Gedanken schossen mir andauernd durch den Kopf und ich wurde richtig traurig - ein Leben ohne sie war wie schon erwähnt, absolut undenkbar. Ich / Wir vermissten sie schrecklich. Wir liefen in der Siedlung umher und riefen ihren Namen – machten hundertmal am Tag die Türe auf, schauten ob sie kommen würde und waren richtig verzweifelt.

Dann, am 3. Tag unserer Rückkehr stand sie plötzlich da. Sie sah schrecklich aus, total zerzaust, ihr Fell schmutzig, sie war abgemagert und hatte den traurigsten Blick, den man sich nur vorstellen kann. „Oh Schnucki", rief ich und nahm sie auf den Arm, so erleichtert, dass vor lauter Freude die Tränen kullerten und dann kam direkt der Herzschmerz, denn man konnte sehen, wie sehr sie gelitten haben muss weil sie uns so schrecklich vermisst hatte und wer weiß was erlebt hatte.

Wer jetzt denkt, au Mann, hier wird über-trieben. NEIN, ich weiß, dass mein Tier mich versteht, wir kommunizieren und wie ein Kind, das plötzlich allein gelassen wird, war sie verängstigt.

Mit ganz viel Liebe haben wir sie aufgepeppelt und schnell war sie wieder die alte. Seither rede ich noch mehr mit ihr, und sie mit mir.

Veränderungen

Wie wahrscheinlich jeder weiß, der eine Katze hat oder hatte, tun sich diese Tiere unheimlich schwer mit Veränderungen, naja, ob so schwer wie unsere – keine Ahnung, aber der Gedanke, dass es bei anderen auch so ist oder sein könnte ist tröstlich.

Früher

Unsere Schnucki ist, seit sie zu uns gekommen ist, in unserer sehr schönen Wohnung in einem kleinen Ort im Schwäbischen aufgewachsen. Ihre Ein- und Ausgangstüre war von Anfang an die Terrassentüre. Nach und nach hatte sie ihr Revier markiert und sich immer weiter hinaus gewagt. Es war so süß, zu beobachten, wie sie immer wieder zurückschaute um sicher zu gehen, dass sie ihren Zugang zum Haus noch sehen konnte *(so zumindest meine katzenpsychologische Vermutung)*. Sie hatte ihr Katzenclo in der Gästetoilette und fühlte sich ein allen Räumen pudelwohl. Da unsere Türen immer aufstanden, konnte sie es sich bequem machen wo immer sie wollte. Und das tat sie. Der einzige geschlossene Raum war, wie schon erwähnt, mein Schlafzimmer – irgendwie wollte ich nicht, dass sie in meinem Bett liegt und auch dort überall ihre Haare verstreut – außerdem wollte ich nachts meine Ruhe und hätte nicht gut schlafen können mit Schnucki im Bett oder unterm Bett. Natürlich war ihr klar, dass sie genau in dieses Zimmer nicht sollte und stand sofort parat sobald sie hörte, dass die Türe aufging oder sie sah, dass ich in die Richtung gehe. Ein kleiner Spalt genügte und sie war drin. Wenn man dann noch den Kleiderschrank geöffnet hatte war das ein Paradies für sie – rein in die Klamotten und nicht mehr raus. Ich musste sie zum Teil rausziehen, was sie mit Fauchen und auch Krallen meistens zu verhindern wusste. Na gut! Schranktüre auflassen, Zimmertüre auflassen bis Madame sich entscheiden würde, wieder herauszukommen und dann zählte die Schnelligkeit. Entweder war ich schnell genug, um die Türe zu schließen oder sie sprang direkt wieder hinein, dann auf Fenstersims und Bett im Wechsel bis sie sich entschied da oder dort zu verharren mit wedelndem Schwanz wohlgemerkt (*ganz klares Zeichen, komm mir nicht zu nahe, sonst kann ich schon auch giftig werden. Dies hat sich übrigens bis heute nicht geändert).* So ging das einige Wochen, Monate, vielleicht auch Jahre bis ich Schnucki zur Gewinnerin kürte. Auch diese Türe blieb nun offen und sie durfte im Schlafzimmer verweilen, wann immer sie Lust dazu hatte. Tagsüber lag sie meistens in meinem Bett, um sich von ihren Aktivitäten im Freien zu erholen oder einfach nur, um faul dazuliegen und zu schlafen. Immer wenn ich sie so liegen sah, ist mir ganz warm ums Herz geworden und ich habe mich gefragt, warum ich ihr diesen Raum verweigert hatte – keiner von uns hatte eine Katzenallergie, also warum diese Machtspielchen, fragt man sich und kann dann ordentlich über sich selbst lachen. Vor allem, da diese wunderhübsche, weiche Schmuse-Schnucki so süß aussah und immer noch aussieht wenn sie schläft. Manchmal eingerollt wie ein Rollmops oder langestreckt, dass man meint, sie misst 3 Meter oder eingekuschelt in die Decke, thronend auf dem Kissenstapel – da gäbe es unzählige Bilder und jedes einzelne lässt das Herz vor Freude tanzen.

Ihre Nächte verbrachte die Liebe im Sommer schon immer gerne draußen, letztendlich auch die Tage und nur zum Fressen und für kleine Schmuseeinheiten zeigte sie sich. Im Juli / August konnte es auch schon mal vorkommen, dass sie 2 Tage gar nicht auftauchte – da waren wohl die lauen Sommertemperaturen und die verlockenden Mäuse, Vögel und auch gleichgesinnte Freundkatzen wichtiger und auch   aufregender.
(Wir stellten uns öfter mal vor, wo sie so herumschlich oder spielte, jagte, wo sie sich versteckte wenn es ein Unwetter gab – man konnte eine Ahnung haben aber letztendlich würden die ganzen Geschichten Schnucki's Geheimnis bleiben. Nur eines wussten wir sicher – sie streifte sämtliche Hecken und Sträucher, denn die Ze-

ckenausbeute war wie schon erwähnt nicht schlecht.) Ansonsten war sie nachts auch gerne in der Wohnung – bevorzugt in Marie's Bett oder auf Alex' Fußballsessel oder Bett. Wenn ich dann morgens aufstand und Schnucki nicht von draußen hereinstürmte musste ich nur die Türe zu Alex's oder Marie's Zimmer aufmachen und wie ein hungriger Pfeil flitzte sie raus, um dann miauend um die Füße zu streichen in freudiger Erwartung auf Nahrung.

Draußen auf der Terrasse hatte sie einen Stuhl auf dem sie lag und wenn es besonders heiß war, aalte sie sich auf den kühlen Platten in der Wohnung – bei Kälte kuschelte sie sich in ihr Körbchen, das unter dem Heizkörper stand. Auch in der Garage hatte sie ein Plätzchen, das ihr dann jedoch von einer anderen Katze, einem Kater, streitig gemacht wurde und von da ab nicht mehr zu ihrem Revier gehörte, obwohl sie versuchte, dieses zu verteidigen – funktionierte nicht – es teilen – funktionierte leider auch nicht. Teilweise war es so, dass besagter Kater ihr draußen in der Hecke auflauerte und wenn sie raus ging, attackierte er sie und sie, dem Herzinfarkt nahe, sprang wie verrückt wieder in die Wohnung. Das war der Beginn ihrer erhöhten Ängstlichkeit. Als Schnucki's Familie litten wir natürlich mit und fingen dann an, erstmal die Lage zu checken bevor sie nach draußen ging. Dabei war uns sehr wohl klar, dass solche Schwierigkeiten sicher in den Alltag eines Katzenlebens gehören, wie das eben bei uns Menschen auch ist. Trotzdem! Aus dem Hinterhalt angreifen? Man sagt immer, Katzen haben es schön, sie werden gestreichelt, man füttert sie und sie können überall schlafen so lange sie möchten. Ja, aber das Leben draußen hat schon auch so seine Tücken. Wann immer etwas vorgefallen war, ich merkte das sofort an ihrem Verhalten und durfte mich dafür des Öfteren belächeln lassen, aber das war und ist mir egal. Es hat sich immer bestätigt, dass ich Recht hatte. So sind Mütter.

Den ein oder anderen Tierarzt Besuch außer den üblichen Impfungen hatten wir auch - hier mal eine verletzte, blutende Pfote, da mal eine Fleischwunde am Körper, aber nichts, was man nicht hätte richten können und auch Schnucki schien diese kleinen Verletzungen gut zu verkraften und ließ sich nie davon abhalten, sich in neue Abenteuer zu stürzen.

Mit den Jahren wurde ich immer noch fürsorglicher, was vielleicht auch mit der Tatsache zusammenhing, dass meine Kinder älter und selbständiger wurden. Meine Tochter startete in ihr eigenes, eigenständiges Leben mit 18, nach dem Abitur. Mein Sohn, noch Schüler und trotzdem auf seinem Weg. Da bekam wohl Schnucki noch eine Portion Fürsorge mehr – so zumindest meine Theorie – oder vielleicht waren es auch einfach ihre Signale, die sie als nun fast schon Katzenoma aussandte, die mich immer noch weicher oder hellhöriger werden ließen. Wie mein Opa schon immer gesagt hatte: „Man lernt nie aus, mein Kind", so lernten Schnucki und ich voneinander.

Wo ist Marie?

Das Ausmaß an Katzenflexibilität sollte sich immens steigern als Marie sich entschloss für ein Jahr nach Afrika zu gehen, um dort ein soziales Jahr zu absolvieren. So hieß es nicht nur für Schnucki, sondern auch für mich, Abschied nehmen – ob Schnucki bewusst war, dass Marie nun tatsächlich für ein Jahr weg wäre, kann ich nicht beurteilen. Auf jeden Fall merkte sie ganz deutlich meinen Loslass-Schmerz.

Dass es so weh tun könnte, sein Kind dem Erwachsensein zu überlassen, obwohl man voller Stolz ist und sich ehrlich und bedingungslos mitfreut – das war schon heftig und ich musste am Anfang Bäche, vielleicht auch Flüsse an Tränen vergießen . Wer schaute mich dann voller Liebe an und stupfte ihr kaltes Schnäuzchen an mich? Genau! Schnucki, wie immer zur rechten Zeit, am rechten Ort (*das haben Katzen und Mütter wohl gemeinsam – letztendlich haben wir uns wohl gegenseitig geholfen)*

Noch eine Veränderung

Im Jahr 2015 fiel die Entscheidung, ein Haus zu bauen – es war klar, wir möchten in diesem Örtchen bleiben, also machten wir uns auf die Suche nach einem geeigneten Platz, der, wie sich schnell herausstellte direkt vor unserer Nase lag – das Grundstück direkt nebenan.

Gesagt, getan – die Bauarbeiten gingen los und Schnucki war anfangs irritiert, warum ihr Frauchen nun immer öfter nach nebenan ging. Mit sehr viel Skepsis und lautstarken Miau-Kommentaren beobachtete sie die Situation. Als dann der Rohbau stand und ich jeden Tag drüben war, entschied sie sich dann doch, mir zu folgen. Sie kam dann mit aufs Grundstück, blieb aber draußen und miaute sehr deutlich (*Hey, komm raus! Was machst du da drin? Bitte komm, das ist mir unheimlich*), bis ich wieder rauskam und dann konnte ich kaum zurück in unsere Wohnung, weil ich fast über sie stolperte, da Madame meinte, mir an den Füßen zu kleben. Anfangs lachte ich sehr darüber, dann fing ich aber an zu begreifen, wie verwirrend das für sie sein musste und war erleichtert, dass wir „nur" nebenan zogen und nicht weiter weg – ich glaube, das hätte sie nicht verkraftet.

Mit der Zeit kam sie auch immer wieder mit hinein, schaute mir beim Kehren oder sonstigen Arbeiten zu, jedoch der Keller und das Obergeschoss waren ihr suspekt und so hielt sie sich ausschließlich im EG auf. Als sie sich langsam an alles gewöhnt hatte *(als im Winter der Bau für einige Wochen still stand)*, kamen plötzlich jeden Tag Handwerker, die laut und vor allem FREMD waren. So ein Schock für Schnucki – das ganze Vertrauen schon wieder weg, verkroch sie sich in der Wohnung und sonst überall, nur nicht auf dem Bau, und sie schien richtig sauer, wenn einer von uns oder womöglich alle hinübergingen.

Tag X war dann schließlich da. Rein theoretisch war unsere liebe Schnucki sehr gut vorbereitet – wir hatten ihr immer und immer wieder erzählt, dass wir in unser neues zu Hause ziehen und dass sie da viele schöne Plätze für sich entdecken könnte. Als es dann soweit war, stand sie da wie eine verlorene Seele – ihr Blick so herzzerreißend traurig. Mit riesengroßen Augen schaute sie uns an und miaute: *„Was ist hier los? Bitte geht doch nicht. Aber wir wohnen doch hier. Ich möchte, dass man mir die Terrassentür aufmacht."* Endloses Unverständnis ließ sie umhertigern. Sie fand kein Plätzchen und wollte sich nirgends niederlassen. So war sie sehr oft draußen und jeden Tag machte ich mir unendlich Sorgen, dass sie nicht mehr kommen würde und mein Herz war unsagbar schwer bei diesem Gedanken. Alex sagte immer: „Mama, sie kommt schon wieder, keine Angst". Naja, er hatte tatsächlich immer Recht und jedes Mal wenn sie kam, juchzte ich vor Freude und drückte sie fest an mich, was sie meistens widerwillig zur Kenntnis nahm. Nicht einmal fressen wollte sie. Am Anfang mussten wir den Futternapf nach draußen stellen und sie tastete sich langsam heran, schaute vorsichtig rechts und links, fraß dann ein paar Happen und war gleich wieder weg. Listig stellten wir das Fressen immer näher Richtung Zimmer, bis er schließlich drin stand – gefühlte stundenlange Überredungskunst war nötig, dass sie ihre Pfötchen nach drinnen setzte. Wir machten dann schnell die Türe zu und sagten ihr, dass sie nun eine Weile im Haus bleiben muss, bevor sie wieder raus darf. Darüber war sie nicht sehr entzückt und mal ehrlich, wenn man uns einsperren würde, obwohl wir uns nicht wohlfühlen – das wäre ja schrecklich. Also sammelten wir, vor allem ICH jegliche aufzufindende Geduld zusammen und warteten ab.

Was war passiert?

Einen guten Monat waren wir nun im neuen zu Hause und abgesehen von dem Unwohlsein war Schnucki auch sonst irgendwie verändert. Ich sagte immer: „Sie ist komisch, irgendetwas stimmt da nicht", worauf mein Sohn wieder antwortete: „ Oh Mama, was du immer hast".

Der Alltag kehrte ein und Schnucki schien sich sehr langsam einzuleben und wenn sie dann ein Plätzchen gefunden hatte, kamen Handwerker – leider für die nächsten Wochen – fast jeden Tag war jemand anderes da – ein Graus nicht nur für unsere Katze, nein für uns auch. Die Nerven waren so langezogen, dass man damit die Fußbodenheizung hätte legen können - entsprechend die Stimmung bei allen, Mensch und Tier. Das war die Zeit, in der ich Schnucki ihrem eigenen Schicksal überließ und mir nicht so viel Gedanken über sie machte, einfach weil diese für mich selbst nötig waren.

Schreck

An einem Tag im Oktober dann, kurz vor ihrem 13. Geburtstag kam sie hinkend nach Hause und hatte offensichtlich Schmerzen. Wir konnten keine Wunde finden, aber sie war nur müde und energielos. Beim Tierarzt *(natürlich Freitag Abend – Notbesetzung, wie bei den Kindern. Wenn etwas war, immer am Wochenende)* bekam sie zunächst eine Spritze gegen die Schmerzen und auf den ersten Blick konnte man keinen Bruch oder sonstiges feststellen, also nahmen wir sie wieder mit nach Hause und pflegten sie mit so viel Liebe wie es nur ging. Schnucki verkroch sich in die hintersten Ecken und machte den Eindruck als wolle sie nur noch ihre Ruhe. Ihr Leiden war einfach schrecklich, man konnte es direkt fühlen und sie war plötzlich auch energielos und traurig.

Sehr schnell war klar, da stimmt etwas Größeres nicht und wir machten einen erneuten Termin bei unserer Tierärztin, die unsere Schnucki seit Beginn kennt und ebenso einfühlsam und verständnisvoll mit ihr umgeht wie wir. Schnucki ließ alles ohne Murren über sich ergehen und wurde geröntgt. Dabei, oh Schreck, wurde im linken Hinterlauf ein Geschoss eines Luftgewehres gefunden. Der rechte Hinterlauf war aber der Geschädigte. Geschockt schauten Ärzte und ich auf das Röntgenbild und es war klar, dass jemand aus der Nähe auf sie geschossen haben muss, so wie die Kugel platziert war. Sofort fiel mir das eigenartige Verhalten von ihr wieder ein und da war mir klar, dass es zu dem damaligen Zeitpunkt passiert gewesen sein muss – es war auch schon wieder Haut darüber gewachsen.

Außerdem zeigte das Röntgenbild, dass mit dem rechten Knie etwas nicht stimmte und unsere Tierärztin verwies mich in eine Tierklinik – 1 Stunde Fahrt (*Horror für Schnucki und mich – sie hasst Autofahren und muss sich fast immer übergeben. Die 3 km Fahrt zum Tierarzt übersteht sie inzwischen ohne Probleme. Trotzdem schreit sie dann so laut und erbärmlich, dass man einfach nur ankommen möchte*) – der Termin wurde sofort vereinbart, ich verabreichte ihr homöopathische Globuli zur Beruhigung und los ging die Fahrt. Ihr Protest, in das Körbchen zu gehen hielt sich in Grenzen, was wohl sicher an den Schmerzen gelegen haben muss. Noch eine Spritze wollte die Tierärztin nicht geben, da sie vermutlich operiert werden sollte und die Narkose zu viel gewesen wäre.

Die Autofahrt verlief erstaunlich ruhig und problemlos. Nach anfänglichem Miauen, drehte sie mir ihr Hinterteil zu und versuchte wohl zu schlafen. Die lieben Verkehrsengel sorgten für freie Straßen, so dass wir die Tierklinik in 45 erreichten. Mit aufmunternden Worten erklärte ich ihr, dass man ihr nun helfen würde und sie endlich ohne Schmerzen sein würde.

Da saßen wir im Wartezimmer – im „Katzenbereich" und machten dem Zimmernamen alle Ehre –wir warteten. Ein Tier nach dem anderen kam herein und ging auch wieder hinaus. Verschiedene Ärzte sprachen mit den Tierbesitzern, Rechnungen wurden bezahlt. Ein älteres Ehepaar saß neben mir, im Katzenbereich obwohl sie auf ihren Hund warteten, aber sie fanden es hier einfach gemütlicher. Die Dame verwickelte mich in ein Gespräch und hörte sich unsere Geschichte an, worauf sie verständnisvoll nickte und gar nicht verstehen konnte, warum wir so lange warten mussten. Ihr Mitfühlen tat mir in der Seele gut. (Es hat schon seinen Grund, warum *manche Menschen in manchen Situationen an bestimmten Orten sind).*

Auf meine Frage warum es denn so lange dauerte, erklärte mir die Dame am Empfang, dass sie sich das selbst fragen würde und entschuldigte sich freundlich. Ich teilte ihr mit, dass Schnucki schlimme Schmerzen hat und kein Schmerzmittel bekommen hatte wegen der Operation. Die Empfangsdame rief mehrmals die zuständige Ärztin an und warf mir dann anschließend einen entschuldigenden Blick zu. Nichts passierte. Nach eineinhalb Stunden kam dann endlich eine Arzthelferin auf mich zu, begrüßte mich eher kühl und bat mich, ihr mit Schnucki zu folgen. *(Die freundliche Dame aus dem Wartezimmer wünschte uns viel Glück)* Auf meine Frage, warum sie uns so lange warten ließen zuckte sie nur mit den Schultern und murmelte etwas von einer Sitzung.

Im Untersuchungsraum kam dann eine sehr junge Ärztin hinzu und fragte, was das Problem sei. Etwas erstaunt fragte ich sie, ob sie denn nicht den Bericht meiner Tierärztin bekommen hätte und wann sie denn nun operieren würden. Sie antwortete, dass das wohl ein Missverständnis sein müsste, da an diesem Tag keine OPs mehr stattfinden würden. Ebenso informierte sie mich etwas genervt, dass sie wohl in einer wichtigen Sitzung war und deshalb nicht früher kommen konnte. Irgendwie hörte sich das für mich nicht überzeugend an, aber da ich kein Freund von Unterstellungen oder Wertungen bin, versuchte ich meinen Unmut schnell abzuhaken, da es JETZT um Schnucki ging und man ihr endlich helfen würde. Wir standen da und nichts passierte. Ich fragte, was machen wir denn nun? Wie geht es weiter? Die Ärztin antwortete verunsichert, dass sie Schnucki erstmal untersuchen wolle. Gute

Idee, dachte ich, was man mir auch sicher ansah. Die Helferin hielt Schnucki so grob und ohne jegliches Gefühl fest, dass ich schon schlucken musste und die Ärztin untersuchte ihr verletztes Bein, dass Schnucki so laut fauchte und schrie wie nie zuvor und sie ließ sich absolut nicht zur Seite legen – verständlich für mich. *(Die Tierarzthelferinnen bei uns zu Hause haben und hatten nie ein Problem damit)* Das ist wohl der Unterschied zwischen ländlich und Massenabfertigung dachte ich und konnte meinen Ärger und meine Wut kaum zurückhalten. Mit entsprechender Tonlage bat ich darum, Schnucki wenigstens ein Schmerzmittel zu geben und fragte die Ärztin ob sie begeistert wäre wenn man an ihrem Knie, das höchstwahrscheinlich ausgerenkt oder gebrochen ist, ohne Schmerzmittel herumdrehen würde. Sie, sichtlich nervös und über meine direkte Art erschrocken und genervt gab ihr etwas gegen die Schmerzen und schlug vor, noch ein Röntgenbild von Schnucki's Hinterlauf zu machen. Sie ließen mich im Untersuchungsraum alleine und nahmen mein Kätzchen mit. Der Kloß in meinem Hals platze sobald die Tür zu war und Tränen des Zorns und der Hilflosigkeit rollten wie ein Wasserfall über meine Wangen direkt auf mein Herz. Das tat gut und half mir, wieder klarer zu denken und mich zu sammeln. Als Helferin und Tierärztin wieder zurückkamen wollte Schnucki nur zu mir kuscheln und ich hielt sie so tröstend ich nur konnte – umarmte sie mit all meiner Liebe. Währenddessen betrachteten wir die Röntgenbilder und es hieß, dass das Kreuzband gerissen wäre, sie ein neues bekommen sollte, sowie eine Stütze, die die Kniescheibe an der richtigen Position halten sollte. Die Tatsache, dass diese falsch lag, verursachte wohl die großen Schmerzen. Aufgrund der fortgeschrittenen Zeit traute ich mich fast nicht zu fragen, wie es nun weitergehen sollte und strafte die Helferin mit ernsten Blicken sobald sie Anstalten machte, Schnucki nochmals anzufassen. Ihr Unverständnis darüber ließ sie noch kühler, fast schon arrogant wirken. Da sie sicher einen Grund hatte, diesen Beruf zu erlernen erklärte ich ihr meine Gefühle und dass so ein Tier, egal ob Katze, Hund, Vogel, Hamster oder andere zu 100 Prozent zur Familie gehört und Schnucki für mich persönlich wie ein drittes Kind sei. Meine Frage ob sie selbst ein Tier oder Kinder hätte verneinte sie, was mir fast klar war. Ich versuchte ihr zu vermitteln, dass sie mich verstehen würde wenn sie selbst einmal in den Genuss kommen würde und bis dahin einfach versuchen sollte, mit mehr Gefühl auf Patient und auch Frauchen oder Herrchen einzugehen. Fast hätte man sich umarmen können, so klärend war die Stimmung und sie beteuerte, dass sie mich verstehen würde und sich sehr gut um Schnucki kümmern würde.

Das bedeutete, sie sollte in der Klinik bleiben und würde am nächsten Tag operiert werden. Oh mein Gott, es war schrecklich, sie da zu lassen, über Nacht und am nächsten Tag alleine, ohne Familie in den OP. In solchen Momenten ist alles einfach nur ganz schlimm, aber das sollte meine Schnucki nicht merken *(was sie natürlich trotzdem tat)* und so nahm ich sie liebevoll in den Arm, streichelte sie und erklärte ihr, dass sie bleiben müsste, dass ich in Gedanken immer bei ihr sein würde und dass ich sie am nächsten Tag wieder abholen würde. Letztendlich habe ich mir damit selbst gut zugeredet. Wohl als Beruhigung gedacht, sagte die Tierärztin noch, dass nicht sie operieren würde sondern einer der Chefärzte, der der beste auf seinem Gebiet wäre. Dann wurde ein Handtuch über den Katzenkorb gelegt und ich verließ die Klinik.

Etwas neben mir setzte ich mich ins Auto und machte mich auf den Heimweg. Ungefähr 10 Sekunden später flossen die Tränen und ich rief meine Freundin an, erzählte ihr schluchzend von diesem furchtbaren Tag und dass Schnucki bleiben müsste und operiert werden müsste und bestimmt Angst hat und was, wenn sie die OP   nicht   überleben   sollte. Ich bin unendlich dankbar, Menschen zu kennen, die einen ohne Wenn und Aber verstehen und mit ganz wenigen Worten, einfach durch ehrliches Zuhören und gedanklichen Umarmungen auffangen. Nachdem ich mich also etwas beruhigt hatte, setzte ich meine Rückfahrt fort und fand mich auf Straßen wieder, die ich nie zuvor gesehen hatte. Trotz Navi wollte mein Auto oder ich den Heimweg nicht finden. Es war zum verrückt werden. Völlig verzweifelt (*dass ich schon in der halben Weltge-schichte herumgereist bin, darf man ja gar nicht sagen*) suchte ich einen vertrauten Dorf oder Städtenamen. NICHTS! Also rief ich einen Freund bei der Arbeit an, sagte ihm, in welchem Kaff ich nun schon zum 3. Mal vorbeikam und er überlegte.

Einen sehr großen Anteil an der der Misere hatte eine Umleitung, die auf dem Hinweg kein Problem war, auf dem Rückweg aber sehr wohl. Das Navi leitete mich immer wieder auf dieselbe Straße, die jedoch wegen Vollsperrung nicht zu befahren war – deshalb 3 x im selben Dorf.

Nachdem wir gemeinsam versucht haben, herauszufinden, wo ich wohl sein könnte, kam ich an einem Verkehrsschild vorbei auf dem ein mir bekannter Ort stand – keine Ahnung wie ich in diese Richtung ge-kommen war – da ich wusste wie weit die-ser Ort von meinem zu Hause war, war mir klar, das wird eine lange Fahrt. Also entschied ich, die Situation so anzunehmen und diese Richtung zu verfolgen, da ich befürchtete mich sonst eventuell noch mehr zu verirren. Neunzig Minuten später bin ich ziemlich k.o. aber glücklich in die Hofeinfahrt gefahren und stellte mit einem tiefen Seufzer den Motor ab. Erst einmal essen, dachte ich mir – das tue ich im Übrigen immer wenn ich gestresst oder auch kränklich bin – irgendwie gibt mir das ein Gefühl von Sicherheit.

Die kommende Nacht habe ich so weit gut überstanden, habe viel für Schnucki gebetet und darum gebeten, dass es ihr gut gehen möge und dass sie fühlt, dass wir an sie denken. Gegen Mittag kam dann auch der erlösende Anruf. Tatsächlich der Chefarzt, den mir die Tierärztin angekündigt hatte. Er war sehr freundlich und erklärte alles verständlich und genau. Unfassbar was man bei Tieren machen kann.

Sofort machte ich mich auf den Weg, unsere Katze wieder nach Hause zu holen und diesmal stellte ich sicher, einen anderen direkten Weg zu nehmen, den ich zurück auch wieder finden würde.

Heilungsprozess

Mit Herzklopfen wie es Schnucki wohl gehen würde betrat ich die Tierklinik und ich wurde auch sofort zu meiner „Lieblings-Tierärztin" und deren Assistentin weitergeleitet. Dort stand Schnucki im Katzenkorb auf dem Untersuchungstisch und der erste Anblick war ganz furchtbar. Sie hatte einen Horror-Monster-Blick und starrte mich an als wollte sie sagen: „Wie konntest du mir das nur antun?". Oh Gott, ich fühlte mich entsetzlich.

Die Ärztin entschuldigte sich nochmals für den vorherigen Tag und ließ mich wissen, dass Schnucki noch unter starken Medikamenten stünde und sie deshalb so aussieht. Dann teilte sie mit, dass sie nun für mindestens 6 Wochen in einer Kiste bleiben müsste, in einem abgesperrten Bereich. Eine Hiobsbotschaft nach der anderen dachte ich. Und das bei einer Katze, die gerne und viel draußen ist und natürlich ihr Freiheit liebt. *(Mir geht es im Übrigen genauso, deshalb kann ich Schnucki sehr gut verstehen. Das wäre als würde man mich in einem Zimmer einsperren.)*

Ihre Katzentoilette hatte sie auch schon lange nicht mehr benutzt. „Na, das wird spannend", murmelte ich vor mich hin und wollte schon fast die Klinik verlassen, als die nette Dame am Empfang mich darauf aufmerksam machte, dass doch noch eine „kleine" Rechnung zu bezahlen sei. Dann ging es ab nach Hause – Schnucki im Körbchen auf dem Beifahrersitz streckte mir ihr Hinterteil entgegen, knurrte ein paar Mal unmissverständlich und war dann so ruhig, dass ich mehrmals schaute, ob sie überhaupt noch atmete.

Jetzt

Beim Schreiben dieser Zeilen gerade liegt Schnucki eingerollt in ihrem Katzenkörbchen und gibt knurrende Geräusche von sich. Wir haben schon eine sehr besondere Verbindung – so etwas nenne ich tiefe Liebe und sie auch, das kann ich in ihren Augen sehen, wenn wir uns anschauen.

Das mit der Kiste würde nicht funktionieren, das war klar, also entschloss ich mich, sie in das Zimmer zu tun, das meiner Tochter gehört wenn sie zu Hause ist oder Gästen. Da dies nicht zu oft der Fall war, schien es die beste Lösung. Dort hatte Schnucki schon vorher oft im Bett gelegen und konnte sich so zumindest frei in dem Raum bewegen.

Die ersten Tage waren einfach nur schrecklich. Sie musste diese Halskrause tragen, da sie ständig an die Wunde wollte und brachte ihren Ärger und ihren Frust darüber sehr deutlich zum Ausdruck. Meistens verdrückte sie sich in den Spalt zwischen Bett und Wand – manchmal fragte ich mich, wie sie da hingekommen war und auch wieder raus. Jeden Tag, wann immer es mir möglich war, legte ich mich in „ihrem" Zimmer ins Bett in der Hoffnung, dass sie meine Nähe spüren würde und sich ihre Schmuseeinheiten abholen könnte. Nach einigen Tagen machte sie Andeutungen, ich hob sie aufs Bett und sie legte sich neben mich, sie ließ sich streicheln – nicht lange, und dann hob ich sie wieder hinunter. So ging das bis sie sich durchringen konnte, sich auf mich zu legen und diese Nähe zu genießen. So machten wir das Tag für Tag, auch Alex verbrachte jeden

Tag Zeit mit ihr, was sie dann letztendlich dankbar annahm.

Auch mit der Katzentoilette hat alles gut funktioniert, nur dass sie sich nicht putzen konnte war natürlich furchtbar für sie. Sie schleckte ihren Trichter ab, was ihr wohl zumindest das Gefühl gab, sich zu reinigen und der Trichter war als er abkam blitzeblank.

Die Wochen vergingen ziemlich rasch und Schnucki erwartete einen schon wenn die Türe aufging. Mit der Zeit wurde sie immer fitter und konnte entsprechend schlecht nachvollziehen warum sie immer noch im Zimmer bleiben sollte. Für Abwechslung war dann schnell gesorgt, da wir ein Fest geplant hatten, zu dem auch Übernachtungsgäste kamen. Meine Tochter war auch da, konnte nun aber nicht ihr Zimmer benutzen – das wurde anderweitig gebraucht – also wurde Schnucki zu Alex ins Zimmer verfrachtet, die Gäste ins Marie Zimmer, die Katzentoilette stand im Flur und Marie schlief im Atelier auf dem Boden. Alle waren versorgt und Schnucki gleichzeitig erfreut und auch verwirrt. Für uns hieß es alle Alarmglocken auf ROT, dass sie ja nicht die Treppen hinunter geht.

Zwei Tage später waren Gäste und Marie wieder weg – also zog Schnucki wieder in ihr Zimmer. Jetzt waren wir an dem Punkt, an dem sie sich nicht mehr freute uns zu sehen, sondern schimpfend miaute und uns mit leichter Aggressivität bestrafte. Sämtliche Erklärungen, dass sie noch zwei Wochen durchzuhalten hätte waren für die „Katz". Auf jeden Fall nachvollziehbar, trotzdem durfte sie noch weiter in ihrer Suite residieren. (Damals dachte ich, sie würde nie wieder in dieses Zimmer gehen oder in den oberen Stock, weil sie immer Angst haben würde, dass man sie wieder einsperrt. *Gott sei Dank wurde ich eines Besseren belehrt).*

In Freiheit

Endlich war es soweit und sie durfte wieder mit nach unten, nach hinten, nach vorne, nach DRAUßEN! Da es noch Winter war und ihre rechte Seite für die Operation abrasiert worden war, war es ihr wohl viel zu kalt, raus zu gehen. Das Fell war noch nicht komplett nachgewachsen. Sie steckte ihr Näschen raus, wackelte mit dem Schwanz und entschied sehr schnell, wohl lieber in den geschützten vier Wänden zu bleiben. Dankbar, sich nun wieder überall frei bewegen zu dürfen, schmuste sie um die Füße wie verrückt, legte sich aufs Sofa, an die Türe und plötzlich wieder in ihr Körbchen, das sie bis dahin im neuen zu Hause völlig ignoriert hatte.

Herausforderung

Nachdem dieses Erlebnis von uns allen verdaut war, stand Schnucki vor der nächsten Aufgabe, wieder flexibel zu sein und „relativ" allein zurechtzukommen. Unser nächster Urlaub stand an – die ganze Familie. Wir hatten schon Anfang des Jahres diesen Urlaub geplant und als er nun unmittelbar bevorstand, war es mir gar nicht mehr so wohl, da Schnucki doch erst gerade wieder Vertrauen gefasst hatte. Noch nie war es so schwierig für mich, sie alleine zu lassen, obwohl wir sehr gerne reisen und alles fast immer gut funktioniert. Auf zur Katzensitterin des Vertrauens. Sie hatte Zeit und erklärte sich wieder bereit, gut für Schnucki zu sorgen. So konnten wir mit gutem Gefühl abreisen, und doch waren wir in Gedanken oft daheim und fragten uns, wie es Schnucki wohl verkraftet, ob alles klappt, ob sie frisst, ob sie traurig ist und sich womöglich vom Acker macht.

Nach ein paar Tagen schrieb ich meiner lieben Nachbarin dann und sie schickte mir ein Bild von ihr und Schnucki und berichtete mir, dass die Katzenkönigin gut von ihrer Untertanin versorgt wäre. Madame würde draußen eine kleine Toilettenrunde drehen und dann direkt wieder in ihr kuscheliges zu Hause zurückkehren. Wenn das Wetter entsprechend kalt oder womöglich nass war, nutzte euer Majestät lieber die Katzentoilette, die regelmäßig und zuverlässig gereinigt wurde.

Auch Schmuseeinheiten ließ sie zu, sowohl von ihrer Untertanin, als auch von meinen Eltern, die auch ab und zu vorbeischauten. Wir konnten also beruhigt und entspannt unseren Urlaub genießen.

Zum Schluss

Allem wohnt etwas Gutes inne, das weiß ich und so ist es auch in diesem Fall. Schnucki hat sich voll und ganz eingelebt. Sie fühlt sich inzwischen wohl in jeder Ecke des Hauses und genießt es, überall zu schlafen, sich zu strecken und nutzt jede Chance, um auf mir und den „erwachsenen" Kindern zu schmusen. Wann immer jemand dabei ist, sich zu setzen oder aufs Sofa zu legen, ist sie da, holt sich ihre Streicheleinheiten und wir uns Liebe und Zuneigung.

Inzwischen geht sie wieder öfter nach draußen. Sie bleibt nicht sehr lange – außer spät abends, um 22:30 Uhr wenn wir langsam ins Bett möchten, miaut sie voller Sehnsucht, dass sie nach draußen möchte. Naja, sie hatte ja den ganzen Tag keine Zeit – musste schlafen oder kuscheln. Wenn wir uns dann darauf einlassen, fehlt sie extra lange und manchmal kommt mir der leise Gedanke, dass sie dies mit Absicht tut, um uns ein bisschen zu ärgern, denn sie weiß ja genau, wir würden sie nicht die ganze Nacht draußen lassen – zumindest NOCH nicht. Im Sommer weht dann wieder ein anderer Wind, aber ich bin mir sicher, bis dahin werden die allerletzten Zweifel aus Schnucki's Sicht ausgeräumt sein.

In diesem Jahr wird Schnucki 14 Jahre alt. Sie ist und bleibt mein drittes Kind und ich bin unendlich dankbar, dass sie uns seit so vielen Jahren schon begleitet. Sie lebt und liebt die Freiheit und ist da wenn man sie braucht – so machen wir das in unserer Familie. Wenn irgendwann der Tag kommt, an dem wir uns verabschieden müssen, dann wird dies kein Abschied für immer sein, denn ich weiß wenn es bei mir soweit ist, wird sie mich willkommen heißen – oder ich sie – bis dahin leben und lieben wir den Moment.

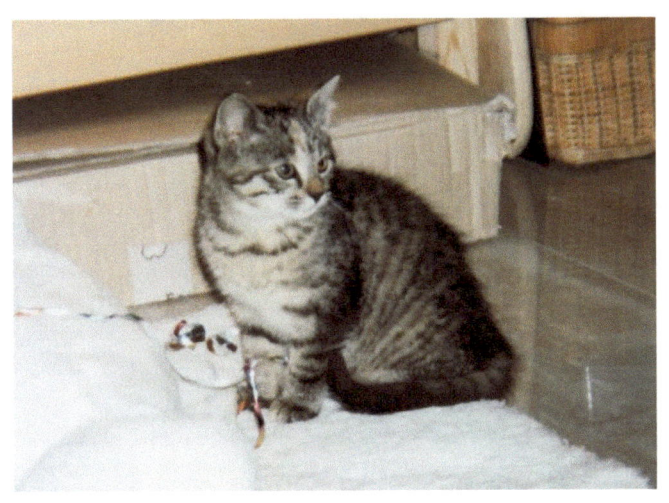

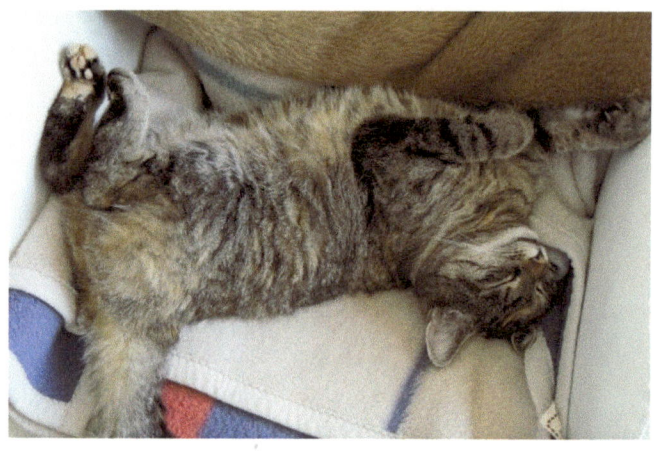

84

<u>Anhang</u>

Seit ich die Zeilen um und über unsere Schnucki verfasst habe sind nun gute zwei Jahre vergangen.

Am 12. Oktober diesen Jahres wäre sie 16 Jahre alt geworden. Sie hat am 13. August 2019 ihren Weg nach Hause angetreten und durfte dann einen Tag später friedlich in meinen Armen einschlafen .....

Nach den vielen Abenteuern und der scheinbaren Ruhe, die nun eingekehrt war in unserem Haus, sollte es für Schnucki die letzte, große Veränderung geben. Wie das Leben manchmal so spielt, suchte ich mir vor ca. einem Jahr eine neue Wohnung. Alle Bemühungen, im gleichen Ort zu bleiben, scheiterten. Es war keine passende Wohnung für mich, Alex und Schnucki zu finden. Wir wurden im Nachbarort fündig und zogen sodann mit Sack und Pack um. Schnucki *(im Katzenkorb meiner Nachba-*

rin, die direkt neben mir wohnte. Die andere Nachbarin wohnte um die Ecke) durfte eine kleine Erlebnisfahrt genießen. Wir sind über viele Umwege in den neuen Ort gefahren, um zu vermeiden, dass sie über Felder und Wiesen plötzlich wieder vor ihrem alten zu Hause stehen würde. Letztendlich waren es dann nicht 5 km sondern mindestens 30 km. Auch diese Fahrt hat sie überraschenderweise gut überstanden, ohne großes Jammern oder Miauen. Naja, Alex saß neben ihr und hat lieb mit ihr geredet – die Einzelbetreuung hat funktioniert.

Nach allem was Schnucki schon erlebt hatte, hätte man vermuten können, dass sie so schnell nichts mehr aus der Bahn wirft. Leider war das nicht so. Ihre Blicke verrieten, dass sie die Welt nun gar nicht mehr verstand. Ihr ganzes Leben war sie in diesem einen Ort und nun plötzlich fand sie sich in einer für sie völlig unbekannten

Umgebung wieder. Unser großes Glück war jedoch, dass ich viel zu Hause arbeite und im Wechsel mit Alex fast immer jemand zu Hause war. So schien der erste Schock schnell überwunden und Schnucki fing an, sich zu arrangieren – sie fand sich in der Wohnung relativ schnell gut zurecht, es war ihr jedoch anzumerken, dass sie von dem Umzug nicht begeistert war – ihre Körpersprache war eindeutig. Sie verkroch sich oft in ein Eck und blieb dort eingerollt mit sich und ihren Gefühlen lange liegen. So oft ich konnte habe ich mich zu ihr auf den Boden gesetzt, ihr gut zugeredet und sie am Kopf gestreichelt. Wenn ich Glück hatte, hat sie mir einen kurzen Blick geschenkt oder ein wohlwollendes Schnurren. Sobald sie jedoch das Gefühl hatte, ich würde mich Richtung Sofa bewegen, war sie schnell wie der Blitz – quasi im Hinsetzen saß sie schon auf mir und kuschelte sich fordernd zu mir. Sobald sie ihre passende Position gefunden hatte, ließ sie sämtliche Streicheleinheiten über sich ergehen und schnurrte so laut, dass ich lachen musste, vor Freude, dass SIE sich so freute.

Mit der Zeit wurde sie mutiger und traute sich nach draußen, auf den Hof und weg war sie. Nach etwa einer Stunde rief ich sie, sie kam nicht. Okay, so eine neue Erkundung kann auch mal länger dauern, also wartete ich voller Vertrauen ab. Als sie gegen Abend noch immer nicht zurück war, machte ich mich auf die Suche. Da ich selbst ja auch neu war in der Siedlung, habe ich einfach mal die Umgebung inspiziert und dabei laut SCHNUCKI gerufen. Eine Straße weiter begegnete mir eine sehr nette Dame, die mich fragend anschaute. Ich erzählte ihr, dass wir neu hergezogen sind und dass ich meine Katze suchen würde. Sie meinte, eine getigerte Katze sei bei ihnen ums Haus geschlichen und dann bei den Nachbarn in den Garten. Sie dachte zuerst, dass es ihre sei, aber beim näheren Betrachten stellte sie fest, dass Schnucki zwar getigert, aber auch noch mit roten Fellflecken versehrt war. Die Dame sagte, dass unsere Schnucki außerdem ja VIEL jünger sei. Als ich ihr sagte, dass sie schon im 16. Lebensjahr ist, war die Dame so erstaunt und ich natürlich mega stolz. Schnucki war einfach eine Schönheit und hatte ein wunderschönes, sehr weiches Fell. Nach der netten Unterhaltung führte mich die Dame in Nachbar's Garten und meinte augenzwinkert: „Das macht denen nichts aus".

Ich rief weiter Schnucki's Namen und direkt kam die Antwort. Ein lautes Miauen – sie erblickte mich und kam direkt auf mich zu gerannt. Ich vermute mal, sie hätte den Weg auch so wieder gefunden, aber irgendwie schien sie sehr erleichtert, dass ich sie holte. Die Dame und ich konnten unser Gespräch dann auch nicht mehr lange fortsetzen, da Schnucki so laut miaute: „Komm jetzt, ich will endlich zurück, lecker speisen und dann in aller Ruhe meine Reinigungsarbeiten erledigen, bevor ich mich in die Ruhe- und Kuschelphase stürze". Also machten wir uns auf den Weg, entlang der Straße auf dem Gehweg folgte sie mir wie ein Hund – einfach herrlich – wir führten unsere typischen Unterhaltungen und spätestens jetzt wussten alle Nachbarn wer ich bin. *Die Frau, die mit ihrer Katze kommuniziert wie mit einem Menschen.*

Nach diesem Tag wollte Schnucki erstmal nicht mehr nach draußen und schien ganz zufrieden zu sein, erstmal nur in der Wohnung zu wohnen. Manchmal machte sie einen traurigen Eindruck, dann saß sie auf dem Fenstersims und schaute wehmütig nach draußen. Sobald die Balkontüre aufging, huschte sie nach draußen und setzte sich ins Eck unterm Dach. Von dort aus beobachtete sie das Geschehen der Siedlung, sichtlich zufrieden, da auch keine Feinde zu befürchten waren.

Trotzdem machte ich mir Sorgen, dass sie an Bewegungsmangel leiden könnte, da sie zuvor so aktiv war und kaufte ihr im hohen Alter einen Kratzbaum. Den brauchte sie zuvor nie, da sie alle Bedürfnisse draußen stillen konnte. Wenn sie schon nicht mehr nach draußen mochte, sollte es ein großer, stabiler Kratzbaum sein. Umgesetzt in die Tat, kam nach einigen Tagen ein riesiges und schweres Paket. Hochmotiviert (*Alex war einige Tag verreist*) machte ich mich daran, diesen Kratzbaum zusammenzubauen. Die Anleitung auf einem kleinen Zettel, gerade noch lesbar, baute ich, wie ich meine, sehr professionell diesen dreistöckigen Baum auf. Am Ende blieb eine Schraube übrig und eine andere, die nötig gewesen wäre, war nicht dabei. Auf keinen Fall kann es an meiner Baukunst gelegen haben !!! Das riesen Teil fand schnell einen Platz, direkt vor dem Fenster, mit direktem Zugang zum geliebten Sims. Der untere Teil bestand aus einer schicken Hängematte *(man konnte sie durch einen Reißverschluss abnehmen, was ich nicht machte, da ich der Meinung war, dass dies perfekt für Schnucki wäre und sie den Spaß ihres Lebens darin haben würde).* Über der Hängematte hing ein Stoffball herunter, mit dem sie spielen konnte. Der mittlere Teil war eine Höhle mit kuscheliger Matte innen und der obere Teil war ein sensationeller Aussichtsturm, von dem sie so ziemlich den ganzen Ort hätte überblicken können *(naja, aber schon weit).*

Das gute Stück in Weiß / Beige stand da, perfekt und ideal für jede Katze. Schnucki ignorierte den Baum komplett. Man kann sich nicht vorstellen, wie das funktioniert, dass etwas so Großes mit keinem Blick gewürdigt wird. Das wäre, als würde man mir einen Audi R8 in den Hof stellen und ich würde ihm absolut keine Beachtung schenken (*nicht, dass ich ein besonderer Autofan wäre, aber wenn es für mich ein Traumauto geben würde, dann ein R8*).

Alex und ich waren ratlos, wobei eher ich – Alex meinte in seiner gewohnt relaxten Art: „Ach, du weißt doch, dass sie immer Zeit braucht für Neues. Das kommt schon." Recht hatte er. Nach zwei Wochen schnupperte sie ganz zaghaft daran und zog sich dann sofort wieder zurück. (*Beim Schreiben überlege ich mir, ob sie uns vielleicht schön veräppelt hat und immer wenn wir nicht da waren, wirklich den Spaß ihres Lebens damit hatte und völlig wild und vor Freude überquellend jeden Zentimeter des Kratzbaumes genutzt hat-und wer weiß was sonst noch alles in der Wohnung*)

Ich kann natürlich nur berichten, was ich mit eigenen Augen gesehen habe. Nach zwei weiteren Wochen des Beschnupperns traute sie sich tatsächlich, ihre Pfötchen auf die untere Plattform zu stellen, jedoch war ihr die Hängematte absolut unheimlich, das konnte man ganz deutlich an ihrem Blick und dem heftigen Schwanzwedeln sehen. Alex reagierte sofort und löste eine Seite des Reißverschlusses, so bildete das Teil eine Koje. Sie schien beschwichtigt und es dauerte nicht lange, bis sie sich dort hinein kuschelte. Das sah so süß aus und dieser Platz war auch von da an ihr Lieblingsplatz, wenn niemand von uns zum Schmusen da war.

Sportlich und topfit für ihr Alter zog sie sich an den Sisal-Pfosten hinauf ins erste Stockwerk, und ohne der Höhle Beachtung zu schenken, sprang sie direkt auf den Fenstersims. Dies war also ihr neues Fitness-Programm. Manchmal nahm sie Anlauf vom Bad bis zum Kratzbaum, so dass dieser sich immer um einige Zentimeter verschob. Sie hatte sichtlich Spaß und ich war happy, dass der Baum nun doch kein Deko-Artikel blieb. Auf die oberste Etage hat sie sich nie getraut, das war ihr wohl unheimlich. Wir versuchten sie zu locken, auch mit ihrer Lieblings-Stoffmaus, die sie von Marie bekommen hatte und immer wieder neu gefangen und erlegt hat – Gott sei Dank nicht gefressen. Keine Chance – auch Leckerlis, gutes Zureden, nichts half. Nicht schlimm, der Aussichtsturm wurde zum Aufbewahren diverser Sportartikel von Alex und mir umfunktioniert.

Tag X war da – ich saß auf dem Sofa und hörte, wie Schnucki zuerst ihr stilles Örtchen aufsuchte, dann wie immer *(komischerweise immer nach dem Toilettengang)* durch die Wohnung raste, als hätte man ihr einen Turbomotor angehängt. Ins Schlafzimmer, aufs Bett, den Fenstersims, zurück auf den Boden, dann in Alex's Zimmer – dasselbe Spielchen, dann volle Karacho ins Wohnzimmer auf ihren Kratzbaum. Ich traute meinen Augen nicht – sie quetschte sich in die Höhle im zweiten Stock, sie blinzelte mit funkelnden Augen heraus, Schwanz wedelnd *(also in Hab-Acht-Stellung)*. Das war besser, als jedes Fernsehprogramm. Ungefähr eine Minute hielt sie es darin aus, dann schnellte sie wieder heraus, wie ein Torpedo, drehte noch eine Ehrenrunde in der Wohnung, um dann auf mir zu landen, um sich vom Höhlen-Schreck zu erholen. Vielleicht war das einfach ihr Cardio-Training, welches durch den Toilettengang besonders beflügelt wurde, eventuell weil sie ihren Balast losgeworden war – so zumindest unsere Theorie. Für uns war es jedes Mal ein Abenteuer und tatsächlich, witzig anzuschauen. Die Höhlenrunde machte sie höchstens fünf Mal, solange sie den Baum nutzte.

Einen Wecker brauchte ich morgens schon lange nicht mehr. Pünktlich um 5:30 Uhr rief unsere Wollknäuel-Dame lautstark nach Aufmerksamkeit. Hätten wir nicht gewusst, dass es unsere Katze ist, hätte man meinen können, da schreit ein Kind – sehr laut und fordernd. Also raus aus dem Bett, Begrüßung und ab in die Küche, Futter zubereiten und liebevolle Streicheleinheiten kredenzen. Welch schönes Ritual wenn man darüber nachdenkt, so begann jeder Tag mit einem freundlichen Wort, einem Lächeln und wenn ich es dann noch schaffte, in den Sonnenaufgang zu joggen – PERFEKT!

Jedenfalls traute sich Schnucki eines Morgens wieder einmal nach draußen. Sie zögerte kurz unten vor der Haustür, warf einen prüfenden Blick zurück, ob man sie auch wieder reinlassen würde und zog ab. Ich wünschte ihr einen wunderschönen Tag und sagte: „Kommst dann wieder, gell?"

Ich frönte meinem Alltag, arbeitete, fuhr zu meinen Kursen und als ich um die Mittagszeit wieder zurückkam sah ich schon auf dem Hof lauter Fellfetzen liegen. Schnucki lag völlig fertig auf der Gartenbank und machte einen sehr unglücklichen Eindruck. Sie ließ sich nicht tragen und humpelte zaghaft und mit großer Mühe die Treppen nach oben. Dort verkroch sie sich direkt ins Schlafzimmer, rollte sich ein und schlief ein. Sie so zu sehen, war einfach nur schlimm und ich vermutete schon, dass sie einen Kampf hatte. Dies wurde mir von den Nachbarn bestätigt – ein weißgrauer Kater, den niemand kannte. Es tat mir so leid, dass ihr Mut, wieder auf Tour zu gehen, so endete. Ich beschloss, eine Nacht zu warten, um zu sehen, wie es ihr dann ging. Ihr Bein schien viel besser, jedoch hatte sie eine offene Wunde am Kopf, über die ich noch am Abend ein Mull-Verband-Tuch halten durfte. Sie blieb an mich gekuschelt in meinem Bett und nahm es dankbar an, Kraft und Heilung aus der Energie meiner Hände zu spüren – sie sah mich dabei ganz klar an und ich konnte in ihren Augen sehen, dass es ihr gut tat. Trotz der Besserung am nächsten Tag, entschied ich, doch lieber zum Tierarzt zu gehen. *(Der Katzenkorb kam nun von meiner neuen Katzensitterin, die ebenso liebevoll und hilfsbereit ist, wie die Nachbarin zuvor. Sie kannte Schnucki schon, als wir noch im Haus nebenan wohnten und Schnucki wusste, sie ist vertrauenswürdig und nimmt sich viel Zeit).* Ich holte also den Korb, Schnucki wehrte sich nicht einmal sehr, wie sie das normalerweise tat wenn sie den Korb sah. Die Tierärztin versorgte die Wunde und stellte fest, dass am Bein nichts gebrochen oder ausgerenkt war, jedoch sollte Schnucki wieder eine Halskrause bekommen. Sehr skeptisch und nicht begeistert teilte ich der Ärztin mit, dass Schnucki schon letztes Mal große Probleme mit diesem Teil hatte und keinen Versuch ausgelassen hatte, diesen loszuwerden. Aufgrund der relativ großen Wunde jedoch, konnten wir ihr diesen Kragen nicht ersparen, da die Wunde sonst nicht zuheilen würde. Mit einem Mullverband wurde er sanft fixiert und so gab sich unsere wunderbare Hausgefährtin wieder ihrem Schicksal hin. Sie kuschelte sich in ihren Kratzbaum – untere Etage und wir konnten nur vermuten, was sie dachte. Die Traurigkeit war unübersehbar. Wir ließen ihr wie immer ihren Freiraum, gaben ihr jedoch durch aufmunternde Worte und Streicheleinheiten zu verstehen: „Wir sind da." Sie entschied dann selbst wann sie bereit war, zu kommen, die direkte Nähe zu wünschen.

Nach zwei Tagen verbesserte sich ihr körperlicher und wohl auch seelischer Zustand zunehmend und Schnucki deutete mit akrobatischen Bewegungen ihrer Pfoten an, dass sie diesen Kragen auf jeden Fall SOFORT loswerden möchte. Mit Erstaunen, beobachteten wir ihre Bemühungen – sie war so kreativ – stellte sich auf die Hinterpfoten, lehnte sich an den Kratzbaum und versuchte, mit den Vorderpfoten, den Trichter vom Kopf zu schieben. Das hätte sicher funktioniert, wenn da nicht die Mullbinde gewesen wäre, die sanft durch den Plastikkragen gezogen war. Frustriert und wütend ergab sie sich dann wieder der Situation. Wir waren sehr bemüht, sie bei Laune zu halten und ihr zu erklären, dass doch noch ein paar wenige Tage notwendig waren bis die Wunde nicht mehr von ihr aufgekratzt werden konnte. Schnucki schien einsichtig, nicht gerne, aber sie ließ sich beruhigen. Am nächsten Morgen, ich war wie jeden Dienstag bereit, ins Fitness zu gehen, um meine Sportstunde zu geben, habe mich wie immer von meinem Katzenliebling verabschiedet, war im Auto und habe dann bemerkt, dass ich meine Handtasche vergessen hatte *(wie so oft – oder irgendetwas Anderes, so dass ich nochmals in die Wohnung musste)*. Also nochmals die Treppen hinauf, Wohnungstüre auf und da höre ich ein Geräusch, dass mich zunächst in Schrecken versetzte – ein raues, keuchendes Schreien. Ich ging vorsichtig hinein und dachte, eine fremde Person ist in der Wohnung. Als ich ins Wohnzimmer ging sah ich, dass Schnucki mit ihrem Leben kämpfte. Kaum war ich gegangen, hatte sie wohl wieder versucht, den lästigen Kragen loszuwerden. Sie stand auf den Hinterbeinen und machte dieses furchtbare Geräusch. Sie wedelte mit ihren Vorderpfoten und schmiss ihren Kopf umher – ich konnte nicht richtig erkennen, was da los war. Dann sah sie mich und war für eine Sekunde still. Sie hatte ihren Unterkiefer im Plastikkragen verfangen und versuchte panisch, aus dieser Situation herauszukommen. Schnell lief ich und holte eine Schere, ich packte sie am Kragen und schnitt diese verflixte Mullbinde auf, so dass sich der Kragen sofort löste. Das Band hatte sich zugezogen und Schnucki war kurz davor, zu ersticken – was auch die schrecklichen, angsteinflösenden Laute erklärte. Oh mein Gott, ich wollte mir nicht ausmalen, wie ich sie vorgefunden hätte, wäre ich nicht zurückgekommen. Schnucki ließ sich direkt in den Arm nehmen, japste nach Luft und war sichtlich erleichtert, dass dieses Horrorerlebnis nun vorüber war. Ich schnappte das Plastikding und entsorgte es direkt im Gelben Sack. In diesem Moment war sicher, dass, egal was kommen mag – es wird keinen Plastikkragen mehr geben.

So machte ich mich verspätet und auch aufgewühlt auf den Weg zur Arbeit. In solchen Momenten, auch wenn mit den Kindern etwas ist, ist die Priorität ganz klar! Nichts kann so wichtig sein, wie die Menschen und Tiere, die du liebst und du selbst.

Auch diese Wunde heilte, doch Schnucki-Mausi wurde sichtlich schwächer. Sie hatte gute Tage und schlechte Tage. Ihr ständiger Schlafplatz sollte nun fast ausschließlich mein Schlafzimmer sein. Meistens lag sie auf dem Boden an die Wand gedrückt, dann konnte man sie unter meinem Bett finden, auf meinem Bett und dann wieder auf dem Boden. Meistens habe ich mich zu ihr auf den Boden gesetzt oder gelegt und manchmal kam sie dann auch wieder zu mir aufs Sofa.

Ich war inzwischen froh um jeden Tag, an dem sie nicht miaute, dass sie nach draußen wollte. Dann, Anfang August hatte sie wieder diesen frischen und neugierigen Blick und wollte schon direkt, nachdem sie mich um 5:30 Uhr aus dem Bett miaut hatte, nach draußen. Es war Sonntag. Ich löste mich schweren Herzens aus meiner gemütlichen Schlafposition und fütterte meine so liebenswerte Katzenoma. Wenn ich ganz ehrlich bin, dachte ich manchmal schon: „Oh BITTE, hör auf zu miauen. Lass mich noch schlafen." Doch dann, wenn ich sie fütterte und sah, wie sie begeistert frühstückte, waren diese Gedanken meistens schnell vergessen. Außerdem, ein früher Sommermorgen, da ergriff ich den Tag beim Schopf, schmiss mich in meine Jogging-Klamotten und freute mich über eine Runde um die Felder, durch Wälder und dem Sonnenaufgang entgegen (das versuche ich so oft es geht und stelle fest – der Tag kann nicht schöner beginnen, als mit der aufgehenden Sonne, der Ruhe und dem Frieden an diesem frischen, neuen Tag).

Schnucki folgte mir nach unten und machte sich zielstrebig auf, auch die Frische des Morgens zu genießen. Ich sagte zu ihr: "Wir sehen uns in einer guten Stunde, dann komme ich wieder und dann kannst du wieder mit mir rein." Sie würde sowieso im Garten und im Hof bleiben, dachte ich bei mir und lief los. Es war herrlich. Als ich zurückkam lag Schnucki auf der Bank neben der Haustüre und ich sagte: „Oh wie schön, du wartest schon auf mich. Komm, lass uns wieder rein gehen." Sie hob ihren Kopf minimal und blickte mich traurig an. Da konnte ich sehen, es geht ihr nicht gut und es muss wieder etwas vorgefallen sein. Sie ließ sich vorsichtig von der Bank gleiten und humpelte mit größter Kraftanstrengung die Treppen hinauf. Ich durfte sie nicht tragen und mir war klar, dass sie starke Schmerzen haben musste. Sie legte sich direkt auf den Boden im Schlafzimmer und bewegte sich von dort nicht weg bis zum nächsten Morgen. (*Es war mir möglich, ihr Arnika Kügelchen zu geben und ich tastete sie ab – sie zuckte oder schrie nicht, also ließ ich sie in ihrer Ruhe)*

Unglaublich, am nächsten Morgen weckte sie mich wie immer, nicht so laut aber doch sehr deutlich mit der Bitte um Nahrung. Sie hatte großen Appetit und machte den Eindruck, als hätte sie das Erlebte vom Vortag gut verarbeitet. Schnucki bewegte sich vom Bett, zum Sofa, in Alex's Zimmer, fraß gegen Abend nochmals ihren Futter-napf leer und schlief wieder eng an mich gekuschelt ein. Sie legte sich mit ihrem Kopf direkt an meinen Kopf und schnurrte so laut, dass ich immer wieder kichern musste – ganz sachte, damit sie sich nicht erschreckte und womöglich weg ging. *(Ihr Geruch verriet mir, dass es zu Ende gehen sollte. Ich weiß nicht, ob das immer so ist, aber ich konnte es riechen)*

Der nächste Tag war ein Dienstag und ich wäre am liebsten einfach den ganzen Tag mit und um Schnucki gewesen und geblieben. Jedoch hatte ich meine Termine und sie gab mir auch sehr deutlich zu verstehen, dass sie ihre Ruhe haben möchte. Also machte ich mich auf zu meinem Sportkurs, nachdem ich ihr wie immer versicherte, dass ich bald zurück bin. Als ich wieder zu Hause war, fand ich sie auf ihrem schon gewohnten Platz auf dem Boden, legte mich zu ihr und redete mit ihr.

Zuvor hatten Freunde mir gesagt, die Tiere teilen einem mit, wann es soweit ist – dass man es ganz deutlich spürt. So war es an diesem 13. August 2019. Ich wusste, die Zeit ist da und respektierte Schnucki's Wunsch, alleine zu sein. So nahm ich meine Termine wahr – es war okay, da ich zu Hause arbeitete und sie mich so spüren konnte. Es war ihr zu diesem Zeitpunkt kaum noch möglich, zu gehen. Sie kippte einfach so um oder stand orientierungslos vor der Wand.

Auch wenn es schlimm war, sie so zu sehen, war es in diesem Moment doch leicht, sie so anzunehmen, die Situation zu (er)tragen. Ich fühlte mich sehr ruhig und hatte das Gefühl, genau so, wie wir das jetzt machen, ist es richtig. So arbeitete ich weiter.

Nach meinem letzten Termin, es war schon gegen Abend, rief ich ihren Namen und sagte: „Hey, ich bin da, es ist alles gut."- dabei lief ich durch die Räume, um sie zu suchen. Sie hatte sich auf das Bett von Alex geschafft – wie sie das gemeistert hat ist mir ein Rätsel. Dort lag sie auf seiner Bettdecke und schaute mich an. Ich weiß genau, was sie dachte und sagte.

Sie verabschiedete sich von Alex und ließ ihn wissen: „Ich weiß, dass du mich liebst und es ist okay, dass du nicht da bist. Wir sind verbunden und ich liebe dich."

Alex und ich hatten im Vorfeld über den Fall der Fälle gesprochen, auch, da bei ihm Urlaub anstand. Er wollte unbedingt da sein, sie halten, falls wir sie einschläfern lassen müssten. Und nun war genau die Situation eingetreten, dass ich eine Entscheidung treffen musste. Ich konnte auf keinen Fall so lange warten, bis er aus dem Urlaub zurück sein würde – Schnucki konnte nicht so lange warten.

Die Zeit war gekommen, sich von diesem Erdenleben zu verabschieden. Wir waren so eng – im Herz verbunden. Wir lagen nebeneinander auf dem Bett und ich betete für sie, in der Hoffnung, dass sie es schaffen würde, friedlich einzuschlafen – ich war ganz ruhig und bestärkte sie immer und immer wieder im Loslassen. Ihr so schwacher Körper, der innerhalb von Stunden so eingefallen war, die Gerüche, immer wieder die schweren Seufzer und das ängstliche Hecheln – ihr Geist wusste es, doch ihr Körper kämpfte. Sie wollte nicht alleine sein, ich konnte das deutlich spüren. Mein Gefühl sagte mir, es ist an der Zeit, zu helfen, sie in ihrem Gehen zu unterstützen.

Nachdem ich Alex nicht erreichen konnte, versuchte ich, meinen Tierarzt zu erreichen, leider ohne Erfolg. So rief ich meine lieben Katzensitterin und Freundin an und fragte sie nach ihrem Tierarzt – auch dort hatte ich kein Glück. Es war inzwischen 21:00 Uhr.

Dann sollte es so sein, dachte ich, packte Schnucki in ihre Kuscheldecke und trug sie umher, wiegt sie in meinen Armen, legte mich mit ihr aufs Sofa, sie immer in meinen Armen – ich sang mit ihr, betete dann wieder still. Es gab Momente, in denen ich dachte, nun hat sie es geschafft, der letzte Atemzug – dann wieder dieses verängstigte Hecheln – bis morgens 4:00 Uhr…

...ich legte Schnucki zu mir ins Bett. Der Schlaf überkam mich. Als ich um 7:00 Uhr wieder aufwachte, lag sie genau so da – nicht mehr wirklich im Leben, und auch nicht im Frieden.

Mittwoch, 14. August 2019 – ich rief bei meinem Tierarzt an – diesmal erreichte ich sie. Ich erklärte die Situation und bat sie, wie zuvor besprochen, zu mir zu kommen. Sie stimmte zu.

Mit Schnucki auf dem Arm rief ich Marie an, um ihr zu sagen, dass heute das irdische Dasein unserer so geliebten Katze zu Ende sein würde. Es tat so gut, mit ihr zu reden, den Tränen freien Lauf zu lassen *(wäre Schnucki nicht so müde gewesen, sie hätte mitgeweint, weil sie doch wusste, wie sehr willkommen sie bei uns war – zu jeder Zeit). (Ich danke dir Marie, für dein Zuhören, deine lieben Worte und deine Stärke, mich in diesem Moment zu begleiten und mich in meiner Traurigkeit zu (er)tragen).*

Die Ärztin kam und untersuchte Schnucki – auch sie bestätigte, dass es soweit war. Sie erklärte mir ihre Schritte - dass sie zunächst eine Narkosespritze geben würde, die brennen kann und auch schmerzt. Jeder weiß, wie überempfindlich man ist, wenn man nicht in seiner vollen Kraft steht. Nach einem kurzen Aufschrei wurde Schnucki ganz ruhig. Wir warteten eine ganze Zeit lang.

Wahrscheinlich wollte die Tierärztin es mir leichter machen – sie redete und erzählte von ihren Katzen – ich denke, so gefühlvoll sie konnte – letztendlich war es mir in diesem Moment kein Trost und ich wollte einfach nur Ruhe. Immer wieder kontrollierte sie, ob Schnucki im Narkoseschlaf war und als es sicher war, fragte sie mich, ob ich nach draußen gehen wolle, wenn sie die endgültige Spritze setzt.

Ich verneinte und hielt sie wie die letzten Stunden zuvor fest in meinen Armen.

Es war mir ganz bewusst, was da geschah und doch so unrealistisch, komisch und auch in Ordnung. Man sagt immer: „Sei dankbar für die Zeit, die ihr hattet." Ja, das war und bin ich und doch ist es so verdammt schwer, eine geliebte Seele gehen zu lassen, obwohl ich wusste und weiß, die Erinnerung bleibt – fest verankert in wunderbarer, tiefer Liebe. ….

….und die Tatsache, dass der Körper, die Hülle nicht mehr greifbar ist, gilt es anzunehmen, zu akzeptieren – und dies ist ein Prozess, der so lange dauert, wie es dauert.

Alex meldete sich – er ahnte es, aufgrund meiner Anrufe am Abend und frühen Morgen. Aufgelöst im Tränenmeer waren wir am Telefon und doch, als lägen wir uns in den Armen.

Eine gute halbe Stunde später, die morgendliche Sonne glitzerte durch das Fenster, ich war in einer Art Halbschlaf, fing Schnucki plötzlich an, zu zucken – gefühlt sehr lange. Im ersten Moment war ich erschrocken, da ich damit nicht mehr gerechnet hatte, aber sofort war ich ganz ruhig und begleitete sie weiterhin, in meinen Armen wiegend. Es war, als wäre das das Zeichen – nun ist es geschafft – ich fühlte Frieden.....

Einige Wochen später war ich zu Besuch bei lieben Freundinnen. Auf meiner morgendlichen Joggingrunde um die Felder, entlang wunderschöner Pferdekoppeln hatte ich ein unbeschreiblich schönes, großes Glücksgefühl – ich hätte schwören können, dass Schnucki für einen Moment neben mir sprang und hüpfte und mir zu miaute: „Es geht mir gut, ich bin glücklich."

Mein Herz hüpfte mit, vor Freude und Glückseligkeit und ich strahlte *(auch jetzt, während ich diese Zeilen schreibe)*.

„Lieben, Leben, Lachen"   - dies sind die Bausteine   meines   Lebens.

DANKE

Danke an all meine wunderbaren Freunde, die mich verstehen, die mich unterstützen, begleiten und auch alleine lassen, wenn ich das möchte.

Danke an meine Familie, die alle Katzenfreunde sind und dieses Vertraute, diese Freundschaft nachempfinden können.

Danke an meine wundervollen Kinder – ich bin so gesegnet, voller Liebe und stolz, wie ihr eure eigenen Bausteine des Lebens findet und lebt.

Danke, liebe Schnucki, dass du mein L(i)eben so bereichert hast.